DO GROTESCO
E DO SUBLIME

CB013024

Coleção ELOS
Dirigida por J. Guinsburg

Equipe de Realização – Tradução, introdução e notas: Célia Berrettini • Revisão: José Bonifácio Caldas e Edméa N. Garcia • Logotipo da coleção: A. Lizárraga • Projeto gráfico: Adriana Garcia • Produção: Ricardo W. Neves e Sergio Kon.

VICTOR HUGO

DO GROTESCO
E DO SUBLIME

TRADUÇÃO DO
PREFÁCIO DE CROMWELL

TRADUÇÃO E NOTAS DE CÉLIA BERRETTINI

Dados Internacionais de Catalogação na Publicação (CIP)
(Câmara Brasileira do Livro, SP, Brasil)

Hugo, Victor, 1802-1885.
   Do grotesco e do sublime / Victor Hugo ;
tradução do prefácio de Cromwell ; tradução e
notas de Célia Berrettini. -- São Paulo : Perspectiva, 2014.
-- (Elos ; 5)

   2. reimpr. da 3. ed. de 2010
   ISBN 978-85-273-0253-1

   1. Literatura francesa - História e crítica
2. Romantismo (Literatura) 3. Teatro - História
e crítica I. Título. II. Série.

07-8972   CDD-840.9

Índices para catálogo sistemático:
1. Literatura francesa : História e crítica   840.9

3ª edição – 2ª reimpressão
[PPD]

Direitos reservados em língua portuguesa à

EDITORA PERSPECTIVA LTDA.

Av. Brigadeiro Luís Antônio, 3025
01401-000 São Paulo SP Brasil
Telefax: (11) 3885-8388
www.editoraperspectiva.com.br

2020

SUMÁRIO

Introdução, 7

Cromwell — Prefácio, 13

Introdução

"Em quinze dias, você receberá *Cromwell*. Não me resta senão escrever o *Prefácio* e algumas notas. Farei isto tão curto quanto possível; menos linhas, menos aborrecimentos". É o que escrevia Victor Hugo, no dia 24 de setembro de 1827, a Victor Pavie. Mas no dia 4 de dezembro, aparece publicado por Ambroise Dupont, em Paris, num volume, o drama precedido de um vastíssimo prefácio que, segundo Théophile Gautier, irradiava aos olhos dos jovens românticos "como as tábuas da lei no monte Sinai". O fértil, exuberante Hugo não podia deixar de derramar sua riqueza verbal ao desenvolver a teoria sobre *a modernidade do drama*.

Este *Prefácio* – que melhor seria chamar *Posfácio,* e sempre escrito com maiúscula –, obra de referência obrigatória quando se trata da estética romântica, provocou apaixonadas manifestações, quer nos meios românticos, quer nos meios clássicos, obrigando os dramaturgos da época a meditarem sobre sua própria arte, sobre suas próprias técnicas. E, conseqüentemente, não mais podia o teatro continuar a ser o que era, inclusive para os adeptos do classicismo. Os princípios de mistura dos gêneros, de rejeição das regras, de recusa da imitação dos modelos, de liberdade na arte, estimularam e estimulariam, no futuro, a imaginação de dramaturgos, abrindo novos caminhos aos jovens talentos.

"Considerações gerais sobre a arte." E assim que Hugo apresenta seu *Prefácio,* que é também, no seu espírito, um verdadeiro manifesto: seu e do romantismo. Começa por uma análise da evolução da literatura em relação com a da história, para chegar a uma análise da sensibilidade moderna. Da mesma forma que o gênero humano conhece três idades sucessivas: a infância, a idade adulta e a velhice, a sociedade passou, diz ele, por três grandes fases que viram o desabrochar da poesia, sob suas três formas essenciais:

— os tempos primitivos, com o lirismo,
— os tempos antigos, com a epopéia,
— os tempos modernos, com o drama.

"Assim (...) a poesia tem três idades, das quais cada uma corresponde a uma época da sociedade: a ode, a epopéia, o drama."

De caráter arbitrário, indiscutivelmnte, foi esta divisão da história da humanidade muitas vezes criticada e atacada. Antes de Hugo, Chateaubriand, em *Gênio do Cristianismo* (1802), notava que os primeiros livros da Bíblia se prendem à epopéia (II, V: *A Bíblia e Homero*). Se Hugo afirma que "os tempos antigos são épicos", não há quem não lhe aponte os clássicos gregos, líricos –

Píndaro e Anacreonte –, e trágicos – Ésquilo, Sófocles e Eurípedes. Se Hugo afirma que "os tempos modernos são dramáticos", não há quem deixe de protestar. E o mesmo acontece quando trata do *grotesco* como "novo tipo" no domínio da arte, uma vez que já está presente na *Ilíada* e *Odisséia,* além de nos dramas satíricos. (É bem verdade que Hugo reconhece "o grotesco antigo", mas este – diz ele – é "tímido e procura esconder-se".) Sua longa análise do grotesco, considerado sob seus vários aspectos e em seu papel estético, foi, no entanto, admirada por muitos. Mas, bastante vulnerável é toda a parte histórica do *Prefácio,* bem como suas apreciações críticas que dizem respeito a Corneille e Racine. O que lhe interessa, porém, é esmagar a estética clássica, o que aliás confessa, quando diz que teve, "de início, antes a intenção de desfazer do que de fazer poéticas".

Hugo luta por uma poesia nova, opondo-se ao que considera como forma esclerosada do passado: o classicismo e suas velhas formas teatrais. Sua crítica atinge a tragédia, e, mais especialmente, "a regra das duas unidades" (não três), apoiada em aparência "na verossimilhança, quando é o real que a mata". Contrário a todo formalismo literário, insurge-se contra a regra da separação de gêneros, pois "a arbitrária distinção dos gêneros depressa se desmorona diante da razão e do gosto" e prega uma poética da totalidade. Ao gênio cabe a tarefa de criar uma obra total, sem excluir qualquer que seja o elemento do real; representar o homem na sua total complexidade, iluminando-lhe "ao mesmo tempo, o interior e o exterior"; representar a natureza, pois "tudo o que está na natureza está na arte", sem no entanto proceder à mera e simples reprodução do real, visto que "o domínio da arte e o da natureza são perfeitamente diferentes". E, condenando "o comum", este grande inimigo da arte, é Hugo o apologista do verso. Sua posição em face do emprego do verso, numa época em que, sob a influência de Mme. de Staël e de Stendhal (que nisto seguiam a tendência do século XVIII), predominava o gosto da prosa, sua posição é das mais originais. Ainda que condene o alexandrino clássico, que muitas vezes o embaraçou, advoga o emprego de um novo metro, mais variado e flexível, apto a "tudo admitir" e a "tudo transmitir", podendo assim "percorrer toda a gama poética, ir de alto a baixo, das idéias mais elevadas às mais vulgares, das mais cômicas às mais graves, das exteriores às mais abstratas", e não se erigindo, portanto, em entrave à livre expressão do drama. Posição discutível, sem dúvida, mas para a qual ele chama em apoio o princípio da "liberdade da arte", pois "não há senão um peso que pode fazer inclinar a balança da arte: é o gênio".

É necessário ainda salientar a posição de Hugo diante da crítica. Após haver focalizado seu drama – *Cromwell* –, e perguntado a si mesmo sobre a possível acolhida da parte dos críticos, manifesta-se Hugo a favor de uma *nova crítica,* "forte, franca, culta", que, segundo a expressão de Chateaubriand, por ele citada, abandonará "a crítica mesquinha dos defeitos pela grande e fecunda crítica das belezas".

Chateaubriand, Mme. de Staël e, por esta via, Bonals, Herder, entre outros; são as possíveis fontes em que se inspirou. Fontes várias e heteróclitas. Conservadoras e liberais, como que se aplicando o seu conceito do que deve ser a poesia: "A poesia verdadeira, a poesia completa está na harmonia dos contrários".

Dissemos, de início, que os princípios hugoanos estimularam então e estimulariam dramaturgos, abrindo-lhes novos caminhos. E parece-nos oportuno transcrever os versos de Vacquerie, um simpatizante de Hugo, que assim se pronunciou em *Meus primeiros anos de Paris:* "Nós nos íamos pelo espaço, fiéis / E livres, compreendendo desde nosso primeiro passo / Que só se imitava Hugo em não o imitando". Com efeito, o *Prefácio* de *Cromwell,* pregando a liberdade da criação artística, estava proibindo a imitação de Hugo e, não o imitando os dramaturgos, mesmo assim seguiam os seus passos. Interessante parodoxo!

A liberdade pregada por Hugo, em relação a regras e modelos preestabelecidos, justificou e justificaria todas as inovações – e não entramos aqui no mérito de tais inovações –, que têm invadido e invadirão a arte cênica. Se os dramaturgos das vanguardas introduzem suas ousadas inovações, procedem a revolucionárias modificações, poderíamos dizer que o fazem, mesmo sem o saber, muitas vezes, sob a tutela de Victor Hugo. (E este talvez ignorasse que, com seu *Prefácio,* repetia a atitude de um seu colega, dois séculos antes: François Ogier, no *Prefácio* de uma peça de 1628, embora com resultados diferentes.)

Mas perguntamos: Qual seria sua reação se, ressuscitando em pleno século XX, visse as profundas transformações que se processaram na arte teatral? Espírito entusiasta, ardente, dotado de excepcional riqueza de expressão e incontrolável espontaneidade, talvez se lançasse em ataques contra os *novos,* com igual vigor quando contra os *velhos* de seu tempo. Ou talvez a eles se juntasse, desbravando a arte teatral, abrindo-lhes insuspeitáveis caminhos...

Para a presente tradução foram utilizados, entre outros, os textos publicados por Garnier-Flamarion: *Cromwell,* 1968, (das páginas 61 a 109) e por Larousse: *Préface de Cromwell,* 1972. A fim de evitar a sobrecarga de notas, limitamo-nos a fornecer os esclarecimentos mais imprescindíveis, o que explica, por exemplo, ausência de notas em relação a Aristóteles e a outros autores por demais conhecidos.

CROMWELL

PREFÁCIO

O drama que se vai ler nada tem que o recomende à atenção ou à benevolência do público. Não tem, para atrair o interesse das opiniões políticas, a vantagem do *veto* da censura administrativa[1], nem mesmo, para conciliar-lhe de início a simpatia literária dos homens de gosto, a honra de ter sido oficialmente rejeitado por um infalível comitê-de-leitura[2].

Ele se oferece, pois, aos olhares, sozinho, pobre e nu, como o enfermo do Evangelho[3] *solus, pauper, nudus*[4].

---

1. A censura foi restabelecida em junho de 1827. A edição *princeps* do *Prefácio* foi publicada no dia 4 de dezembro do mesmo ano.
2. Comitê do Théâtre-Français.
3. Dos Evangelhos não consta nenhuma alusão a um enfermo "só, pobre e nu". Para explicar esta confusão, vários autores propuseram aproximações com: os Atos dos Apóstolos (III, 2) e o Apocalipse (III, 17).
4. No texto do manuscrito, não aparecem estes dois primeiros parágrafos.

Não é, além disso, sem alguma hesitação que o autor deste drama tomou a decisão de carregá-lo de notas e prefácios. Habitualmente, estas coisas são muito indiferentes aos leitores. Eles se informam antes sobre o talento de um escritor que sobre suas maneiras de ver; e, se uma obra é boa ou má, pouco lhes importa sobre que idéias está assentada, com que espírito germinou. Não se visitam quase os porões de um edifício cujas salas foram percorridas, e quando se come o fruto de uma árvore, preocupa-se pouco com a raiz.

Por outro lado, notas e prefácios são algumas vezes um meio cômodo de aumentar o peso de um livro e de engrandecer, pelo menos em aparência, a importância do trabalho; é tática semelhante à desses generais do exército, que, para tornar mais importante sua frente de batalha, põem na linha até suas bagagens. Depois, enquanto os críticos se enfurecem contra o prefácio e os eruditos contra as notas, pode acontecer que a própria obra lhes escape e passe intacta através de seus fogos cruzados, como um exército que se safa de um apuro entre dois combates de posto avançado e de retaguarda.

Esses motivos, por mais consideráveis que sejam, não são os que decidiram o autor. Este volume não tinha necessidade de ser *inflado*, não é já senão por demais grande. Em seguida, e o autor não sabe a razão, seus prefácios, francos e simples, sempre serviram em face dos críticos antes para comprometê-lo do que para protegê-lo. Longe de lhe serem bons e fiéis escudos, lhe pregaram a má partida destas roupas estranhas, que, assinalando na batalha o soldado que as traja, atraem todos os golpes e não são à prova de nenhum.

Considerações de outra ordem influíram no autor. Pareceu-lhe que se, com efeito, quase não se visitam por prazer os porões de um edifício, algumas vezes não se aborrece de examinar-lhe os fundamentos. Entregar-se-á pois, ainda uma vez, com um prefácio, à cólera dos críticos. *Che sara, sara*[5]. Nunca se preocupou muito com a sorte de suas obras, e se assusta pouco com a opinião pública literária. Nesta flagrante discussão que faz com que se afrontem os teatros e a escola, o público e as academias, não se ouvirá talvez sem algum interesse a voz de um solitário *aprendiz* de natureza e de verdade, que cedo se retirou do mundo literário por amor das letras, e que traz boa fé na falta de *bom gosto*, convicção na falta de talento, estudos na falta de ciência.

Limitar-se-á, aliás, a considerações gerais sobre a arte, sem pôr de modo algum anteparos diante de sua obra, sem pretender escrever uma acusação nem uma defesa pró ou contra quem quer que seja. O ataque ou a defesa de seu livro é para ele menos importante que para qualquer outro. E depois, as lutas pessoais não lhe convêm. É sempre espetáculo miserável ver amores-próprios esgrimindo. Ele protesta, pois, antecipadamente, contra qualquer interpretação de suas idéias, qualquer aplicação de suas palavras, dizendo com o fabulista espanhol:

> *Quien haga aplicaciones*
> *Con su pan se lo coma*[6].

---

5. A expressão italiana *Cio che sara, sara* equivale a: O que tiver de ser, será.
6. Trata-se de Tomás de Iriarte, fabulista espanhol, em *Fábulas Literárias* (1782): "Quem fizer aplicações/Coma-as com pão".

Na verdade, vários dos principais campeões das "sãs doutrinas literárias" lhe fizeram a honra de desafiá-lo, até na sua profunda obscuridade, a ele, simples e imperceptível espectador desta curiosa batalha. Não terá a fatuidade de responder ao desafio. Eis, nas páginas que se seguirão, as observações que lhes poderia opor; eis sua funda e sua pedra; mas outros, se quiserem, ostentá-las-ão diante dos *Golias clássicos*[7].

Dito isto, não insistamos[8].

Partamos de um fato: a mesma natureza de civilização, ou, para empregar expressão mais precisa, ainda que mais extensa, a mesma sociedade não ocupou sempre a terra. O gênero humano no seu conjunto, cresceu, desenvolveu-se, amadureceu como qualquer de nós. Foi criança, foi homem; assistimos-lhe agora a imponente velhice. Antes da época que a sociedade moderna chamou antiga, existe outra era, que os Antigos chamavam *fabulosa,* e que seria mais exato chamar *primitiva.* Eis, pois, três grandes ordens de coisas sucessivas na civilização, desde a origem até nossos dias. Ora, como a poesia se sobrepõe sempre à sociedade, vamos tentar desvendar, segundo a forma desta, qual deve ter sido o caráter da outra, nestas três grandes idades do mundo: nos tempos primitivos, nos tempos antigos, nos tempos modernos.

---

7. O gigante. O gigante Golias aparece na Bíblia lutando com Davi (Samuel, XVII).
8. Até aqui, indica Hugo o Objeto do *Prefácio.* Começa agora a expor a sua Teoria das três idades.

Nos tempos primitivos, quando o homem desperta num mundo que acaba de nascer, a poesia desperta com ele[9]. Em presença das maravilhas que o ofuscam e o embriagam, sua primeira palavra não é senão um hino. Ele toca ainda de tão perto a Deus que todas as suas meditações são êxtases, todos os seus sonhos, visões. Expande-se, canta como respira. Sua lira tem somente três cordas: Deus, a alma, a criação; mas este triplo mistério envolve tudo, mas esta tripla idéia compreende tudo. A terra está ainda mais ou menos deserta. Há famílias, e não povos; pais, e não reis. Cada raça existe à vontade; não há propriedade, não há lei, não há melindres, não há guerras. Tudo pertence a cada um e a todos. A sociedade é uma comunidade. Nada incomoda o homem. Ele passa esta vida pastoril e nômade pela qual começam todas as civilizações, e que é tão propícia às contemplações solitárias, às caprichosas fantasias. Não opõe nenhuma resistência, abandona-se. Seu pensamento, como sua vida, assemelha-se à nuvem que troca de forma e de caminho, segundo o vento que o impele. Eis o primeiro homem, eis o primeiro poeta. É jovem, é lírico. A prece é toda a sua religião: a ode é toda a sua poesia[10].

Este poema, esta ode dos tempos primitivos, é a Gênese.

Pouco a pouco, no entanto, esta adolescência do mundo se vai. Todas as esferas crescem; a família se

---

9. Na *Lenda dos Séculos* (II, I, 37), Hugo expõe uma concepção semelhante.
10. Influência de Chateaubriand.

torna tribo, a tribo se faz nação. Cada um destes grupos de homens se amontoa ao redor de um centro comum, e eis os reinos. O instinto social sucede ao instinto nômade. O acampamento dá lugar à cidade, a tenda ao palácio, a arca ao templo. Os chefes destes Estados nascentes são ainda pastores, mas pastores de povos; seu cajado pastoril tem já a forma de cetro. Tudo se detém e se fixa. A religião toma uma forma; os ritos regulam a prece; o dogma vem emoldurar o culto. Assim o sacerdote e o rei dividem entre si a paternidade do povo; assim à comunidade patriarcal sucede a sociedade teocrática.

No entanto as nações começam a ficar demasiado comprimidas no globo. Elas se incomodam e se ferem; daí os choques de impérios, a guerra[11]. Elas se ultrapassam, umas sobre as outras; daí as migrações de povos, as viagens[12]. A poesia reflete estes grandes acontecimentos; das idéias ela passa às coisas. Canta os séculos, os povos, os impérios. Torna-se épica, gera Homero.

Homero, com efeito, domina a sociedade antiga. Nesta sociedade, tudo é simples, tudo é épico. A poesia é religião, a religião é lei. À virgindade da primeira idade sucedeu a castidade da segunda. Uma espécie de solene gravidade se gravou por toda a parte, nos costumes domésticos, como nos costumes públicos. Os povos somente conservaram da vida errante o respeito do estran-

---

11. A *Ilíada*. Nota de Hugo, indicada por Michel Cambien nas suas Notas do *Prefácio de Cromwell,* Paris, Larousse, 1971, p. 33.
12. A *Odisséia*. Nota de Hugo, *id. ibid.*, p. 33.

geiro e do viajante. A família tem uma pátria; aí tudo a prende; há o culto do lar, o culto dos sepulcros.

Repetimos, a expressão de uma semelhante civilização não pode ser senão a epopéia. A epopéia tomará várias formas, mas jamais perderá seu caráter. Píndaro é mais sacerdotal que patriarcal, mais épico que lírico[13]. Se os historiadores, contemporâneos necessários desta segunda idade do mundo, se põem a recolher as tradições e começam a considerar os séculos, eles o fazem em vão, a cronologia não pode expulsar a poesia; a história permanece epopéia. Heródoto é um Homero[14].

Mas é sobretudo na tragédia antiga que a epopéia sobressai por toda a parte. Ela sobe ao palco grego sem nada perder, de alguma forma, de suas proporções gigantescas e desmedidas. Suas personagens são ainda heróis, semideuses, deuses; suas molas, sonhos, oráculos, fatalidades; seus quadros, enumerações, funerais, combates. O que cantavam os rapsodos, declamam-nos os atores, eis tudo.

Há mais. Quando toda a ação, todo o espetáculo do poema épico, passou para o palco, o que resta, o coro toma. O coro comenta a tragédia, encoraja os heróis, faz descrições, chama e expulsa o dia, regozija-se, lamenta-se, apresenta às vezes a decoração, explica o sentido moral do assunto, lisonjeia o povo que o escuta. Ora,

---

13. Na opinião de muitos estudiosos, as odes de Píndaro são a obra-prima do lirismo grego.
14. Hugo escreveu Herodes em lugar de Héродoto, o historiador grego (484-420 a. C.).

que é o coro, esta estranha personagem colocada entre o espetáculo e o espectador, se não o poeta a completar sua epopéia?

O teatro dos Antigos é, como seu drama, grandioso, pontifical, épico. Pode conter trinta mil espectadores; desenrola-se ao ar livre, à inclemência do sol; as representações duram todo o dia. Os atores aumentam a voz, disfarçam os traços, elevam a estatura; fazem-se gigantes como seus papéis. O palco é imenso. Pode representar ao mesmo tempo o interior e o exterior de um templo, de um palácio, de um acampamento, de uma cidade. Desenvolvem-se enormes espetáculos. É, e não citamos aqui senão de memória, é Prometeu na sua montanha[15]; é Antígona a procurar, do cimo de uma torre, o irmão Polinice no exército inimigo (*As Fenícias*)[16]; é Evadne, lançando-se do pincaro de um rochedo nas chamas em que arde o corpo de Capaneu (*As Suplicantes*, de Eurípedes)[17]; é um navio que se vê surgir no porto, e que desembarca no palco cinqüenta princesas com seu séquito (*As Suplicantes*, de Ésquilo)[18]. Arquitetura e poesia, lá,

---

15. Prometeu, um dos Titãs, roubou o fogo dos deuses para dá-lo aos homens, razão pela qual foi acorrentado no pico do Cáucaso. É o tema do *Prometeu Acorrentado*, tragédia atribuída a Ésquilo(525-456 a. C.).
16. *As Fenícias*, tragédia de Eurípedes (480-406 a. C.). Antígona aí faz uma descrição que Hugo considera como um "enorme espetáculo".
17. Capaneu, um dos sete chefes argivos que sitiaram Tebas com Polinice. Na tragédia de Eurípedes, as mães dos argivos mortos suplicam a entrega do cadáveres.
18. Na tragédia de Ésquilo, cinqüenta princesas, que já desembar-

tudo apresenta caráter monumental. A Antigüidade nada tem de mais solene, nada de mais majestoso. Seu culto e sua história se misturam a seu teatro. Seus primeiros atores são sacerdotes; seus jogos cênicos são cerimônias religiosas, festas nacionais.

Uma última observação que acaba de assinalar o caráter épico destes tempos é que, pelos assuntos que trata, não menos que pelas formas que adota, a tragédia não faz senão repetir a epopéia. Todos os trágicos antigos retalham Homero. As mesmas fábulas, as mesmas catástrofes, os mesmos heróis. Todos vão buscar inspiração no rio homérico. É sempre a *Ilíada* e a *Odisséia*. Como Aquiles que arrasta o corpo de Heitor, a tragédia grega gira em torno de Tróia.

No entanto a idade da epopéia chega ao fim. Assim como a sociedade que ela representa, esta poesia se gasta girando sobre si mesma. Roma decalca a Grécia, Virgílio copia Homero; e, como para acabar dignamente, a poesia épica expira neste último parto.

Era tempo. Nova era vai começar para o mundo e para a poesia.

Uma religião espiritualista, que supera o paganismo material e exterior, desliza no coração da sociedade antiga, mata-a, e neste cadáver de uma civilização decrépita deposita o germe da civilização moderna. Esta religião é completa, porque é verdadeira; entre seu dogma e seu culto, ela cimenta profundamente a moral. E

---

caram no começo da peça, suplicam a proteção do rei de Argos, pois estão fugindo dos cinqüenta pretendentes à sua mão.

de início, como primeiras verdades, ensina ao homem que ele tem duas vidas que deve viver, uma passageira, a outra imortal; uma da terra, a outra do céu. Mostra-lhe que ele é duplo como seu destino, que há nele um animal e uma inteligência, uma alma e um corpo; em uma palavra, que ele é o ponto de intersecção, o anel comum das duas cadeias de seres que abraçam a criação, da série dos seres materiais e da série dos seres incorpóreos, a primeira, partindo da pedra para chegar ao homem, a segunda, partindo do homem para acabar em Deus.

Uma parte destas verdades tinha talvez sido suspeitada por certos sábios da Antigüidade, mas é do Evangelho que data sua plena, luminosa e ampla revelação. As escolas pagãs andavam às cegas na noite, agarrando-se às mentiras como às verdades no seu caminho de acaso. Alguns de seus filósofos lançavam às vezes sobre os objetos fracas luzes que não os iluminavam senão de um lado, e tornavam maior a sombra do outro. Daí todos estes fantasmas criados pela filosofia antiga. Não havia senão a sabedoria divina que pudesse substituir por uma vasta e igual claridade todas estas vacilantes iluminações da sabedoria humana. Pitágoras, Epicuro, Sócrates, Platão são archotes; Cristo é o dia.

Ademais, não há nada de tão material como a teogonia antiga. Longe dela ter pensado, como o cristianismo, em separar do corpo o espírito; ela dá forma e fisionomia a tudo, ainda às essências, ainda às inteligências. Tudo nela é visível, palpável, carnal. Seus deuses têm necessidade de uma nuvem para se furtarem aos olhares. Bebem, comem, dormem. Ferem-nos, e seu sangue corre[19], aleijam-nos, e ei-los mancando eternamente[20]. Esta religião tem deuses e metades de deuses. Seu raio de forja em uma bigorna, e aí fizeram entrar, entre outros ingredientes, três raios de chuva torcida, *tres imbris torti radios*[21]. Seu Júpiter suspende o mundo a uma cadeia de ouro; seu sol sobe em carro de quatro cavalos; seu inferno é um precipício e a geografia marca-lhe a boca no globo; seu céu é uma montanha.

Também o paganismo, que amassa todas as suas criações com a mesma argila, diminui a divindade e engrandece o homem. Os heróis de Homero são quase do mesmo tamanho que seus deuses. Ajax desafia Júpiter[22]. Aquiles vale tanto quanto Marte. Acabamos de ver como, ao contrário, o cristianismo separa profundamente o espírito da matéria. Põe o abismo entre a alma e o corpo, um abismo entre o homem e Deus.

Nessa época, e para não omitir nenhum traço do esboço ao qual nos aventuramos, faremos notar que, com o cristianismo e por ele se introduzia no espírito dos povos um sentimento novo, desconhecido dos Antigos e singularmente desenvolvido entre os Modernos, um sentimento que é mais que a gravidade e menos que a tristeza: a melancolia[23]. E, com efeito, o coração do

---

19. Ares foi ferido por Diomedes, conforme a *Ilíada* (V, v. 841-909).
20. Alusão a Hefestos.
21. Virgílio, na *Eneida* (VII, v. 429).
22. Na *Odisséia,* IV, v. 499-511.
23. Chateaubriand, em *Gênio do Cristianismo* (2ª parte, Livro III, Cap. IX), fala do "vago das paixões".

homem, até então entorpecido por cultos puramente hierárquicos e sacerdotais, poderia não despertar e nele sentir germinar alguma faculdade inesperada, ao alento de uma religião humana porque é divina, de uma religião que faz da prece do pobre a riqueza do rico, de uma religião de igualdade, de liberdade, de caridade? Poderia deixar de ver todas as coisas sob um aspecto novo, desde que o Evangelho lhe havia mostrado a alma através dos sentidos, a eternidade empós da vida?

Aliás, neste preciso momento, passava o mundo por assaz profunda revolução, que era impossível não operar-se também outra nos espíritos. Até então as catástrofes dos impérios tinham raramente chegado até o coração das populações; eram reis que caíam, majestades que desapareciam, nada mais. O raio rebentava somente nas altas regiões, e, como já o indicamos, os acontecimentos pareciam desenrolar-se com toda a solenidade da epopéia. Na sociedade antiga, o indivíduo era colocado tão baixo, que, para que fosse atingido, cumpria que a adversidade descesse até a sua família. Portanto não conhecia quase o infortúnio, fora das dores domésticas. Era quase inaudito que as infelicidades gerais do Estado lhe perturbassem a vida. Mas, no instante em que veio estabelecer-se a sociedade cristã, o antigo continente estava agitado. Tudo estava abalado até a raiz. Os acontecimentos, encarregados de arruinar a antiga Europa e de reconstruir uma nova, se chocavam, se precipitavam sem trégua, e impeliam desordenadamente as nações, estas para o dia, aquelas para a noite. Fazia-se tanto ruído na terra, que era impossível que alguma coisa deste tumulto não chegasse até o coração dos povos.

Foi mais que um eco, foi um contragolpe. O homem, concentrando-se em si mesmo em presença destas profundas vicissitudes, começou a sentir dó da humanidade, a meditar sobre as amargas irrisões da vida. Deste sentimento, que tinha sido para Catão pagão o desespero, o cristianismo fez a melancolia.

Ao mesmo tempo, nascia o espírito de exame e de curiosidade. Estas grandes catástrofes eram também grandes espetáculos, surpreendentes peripécias. Era o Norte precipitando-se sobre o Sul, o universo romano mudando de forma, as últimas convulsões de todo um mundo em agonia. Desde que este mundo morreu, eis que multidões de retores, de gramáticos, de sofistas, vêm abater-se, como mosquitos, sobre seu imenso cadáver. Vemo-los pulular, ouvimo-los zumbir neste foco de putrefação. Apressam-se a examinar, comentar, discutir. Cada membro, cada músculo, cada fibra do grande corpo jacente é revirado em todos os sentidos. Certamente, deve ter sido uma alegria, para estes anatomistas do pensamento, poderem, desde sua primeira tentativa, fazer experiências em grandes dimensões; terem, para dissecar, como primeiro paciente, uma sociedade morta.

Assim, vemos ao mesmo tempo despontarem, e como que de mãos dadas, o gênio da melancolia e da meditação, o demônio da análise e da controvérsia. Longino está numa das extremidades desta era de transição; Santo Agostinho na outra. É preciso abstermo-nos de lançar um olhar desdenhoso a esta época em que estava em germe tudo o que depois frutificou, a este tempo cujos menores escritores, se nos permitem uma expressão trivial, mas franca, serviram de esterco para a ceifa que devia seguir-se. A Idade Média está enxertada no baixo império.

Eis, pois, uma nova religião, uma sociedade nova; sobre esta dupla base, é preciso que vejamos crescer uma nova poesia. Até então, e que nos perdoem expor um resultado que o leitor por si mesmo já deve ter tirado do que foi dito mais acima, até então, agindo nisso como o politeísmo e a filosofia antiga, a musa puramente épica dos Antigos havia somente estudado a natureza sob uma única face, repelindo sem piedade da arte quase tudo o que, no mundo submetido à sua imitação, não se referia a um certo tipo de belo. Tipo de início magnífico, mas, como sempre acontece com o que é sistemático, se tornou nos últimos tempos falso, mesquinho e convencional. O cristianismo conduz a poesia à verdade. Como ele, a musa moderna verá as coisas com um olhar mais elevado e mais amplo. Sentirá que tudo na criação não é humanamente *belo,* que o feio existe ao lado do belo, o disforme perto do gracioso, o grotesco no reverso do sublime, o mal com o bem, a sombra com a luz. Perguntar-se-á se a razão estreita e relativa do artista deve ter ganho de causa sobre a razão infinita, absoluta, do criador; se cabe ao homem retificar Deus; se uma natureza mutilada será mais bela; se a arte possui o direito de desdobrar, por assim dizer, o homem, a vida, a criação; se cada coisa andará melhor, quando lhe for tirado o músculo e a mola; se, enfim, o meio de ser harmonioso é ser incompleto. É então que, com o olhar fixo nos acontecimentos ao mesmo tempo risíveis e formidáveis, e sob a influência deste espírito de melancolia cristã e de crítica filosófica que notávamos há pouco, a poesia dará um grande passo, um passo decisivo, um passo que, semelhante ao abalo de um terremoto, mudará toda a face do mundo intelectual. Ela se porá a fazer como a natureza, a misturar nas suas criações, sem entretanto confundi-las, a sombra com a luz, o grotesco com o sublime, em outros termos, o corpo com a alma, o animal com o espírito, pois o ponto de partida da religião é sempre o ponto de partida da poesia. Tudo é profundamente coeso[24].

Assim, eis um princípio estranho para a Antigüidade, um novo tipo introduzido na poesia. E, como uma condição a mais no ser modifica todo o ser, eis uma nova forma que se desenvolve na arte. Este tipo, é o grotesco. Esta forma, é a comédia.

E aqui, permitam-nos insistir, pois acabamos de indicar o traço característico, a diferença fundamental que separa, em nossa opinião, a arte moderna da arte antiga, a forma atual da forma extinta, ou, para nos servirmos de palavras mais vagas, porém, mais acreditadas, a literatura *romântica* da literatura *clássica*.

— Enfim, vão aqui dizer as pessoas que, desde algum tempo, *vêem nossa vida,* nós os pegamos! Ei-los presos em flagrante! Então, fazem do *feio* um tipo de imitação, do *grotesco* um elemento da arte![25] Mas, as graças... mas, o bom gosto... Não sabem que a arte deve

---

24. Hugo vai expor sua Teoria sobre o grotesco.
25. Hugo se explica numa nota: "A divisão do belo e do feio na arte não está em simetria com a da natureza. Nada é belo ou feio nas artes senão pela execução". Nota transcrita por Michel Cambien, *op. cit.* p. 42.

retificar a natureza? que é preciso *enobrecê-la?* que é preciso *escolher?* Os Antigos empregaram alguma vez o feio e o grotesco? Misturaram alguma vez a comédia e a tragédia? O exemplo dos Antigos, senhores! Aliás, Aristóteles... Aliás, Boileau...[26] Aliás, La Harpe...[27] — Certamente!

Esses argumentos são sólidos, sem dúvida, e sobretudo de uma rara novidade. Mas nosso papel não consiste em responder-lhes. Não edificamos aqui sistema, porque Deus nos livre dos sistemas. Verificamos um fato. Somos historiadores e não críticos. Que este fato agrade ou não, pouco importa! Ele existe. — Voltemos pois, e tentemos fazer ver que é da fecunda união do tipo grotesco com o tipo sublime que nasce o gênio moderno, tão complexo, tão variado nas suas formas, tão inesgotável nas suas criações, e nisto bem oposto à uniforme simplicidade do gênio antigo; mostremos que é daí que é preciso partir para estabelecer a radical e real diferença entre as duas literaturas.

Não que fosse verdade dizer que a comédia e o grotesco eram absolutamente desconhecidos entre os Antigos. A coisa aliás seria impossível. Nada vem sem raiz; a segunda época está sempre em germe na primeira. Desde a *Ilíada,* Tersites[28] e Vulcano[29] oferecem a comé-

---

26. Boileau, teórico francês do classicismo (1636-1711), é o autor da *Arte Poética* (1674).
27. La Harpe, poeta e crítico francês, (1739-1803), é o autor de *Liceu ou Curso de Literatura Antiga e Moderna* (1799).
28. Tersites, soldado aqueu célebre por sua feiúra, insolência e covardia, aparece na *Ilíada* (II, v. 212-277).
29. Hefestos, que aparece várias vezes na *Ilíada* (I, v. 571-600 etc.).

dia, um aos homens, o outro aos deuses. Há na tragédia grega naturalidade demais e originalidade demais para que não haja algumas vezes a comédia. Assim, para não citarmos sempre senão o que nossa memória nos lembra, a cena de Menelau[30] com a porteira do palácio (*Helena*, ato 1)[31]; a cena do Frígio (*Orestes,* ato IV)[32]. Os tritões[33], os sátiros[34], os cíclopes[35], são grotescos; as sereias[36], as fúrias[37], as parcas[38], as harpias[39], são grotescas; Polifemo é um grotesco terrível[40]; Sileno é um grotesco bufo[41].

30. Menelau, rei grego, marido de Helena, cujo rapto teria sido a origem da Guerra de Tróia.
31. Tragédia de Eurípedes (v. 443-482).
32. Tragédia de Eurípedes (v. 1506-1527).
33. Os tritões são divindades marinhas filhas de Poseidão e de Anfitrite.
34. Os sátiros são deuses rústicos que têm rabo, cornos e pernas de bode.
35. Os cíclopes são gigantes que têm um único olho no meio da testa.
36. As sereias, filhas de Melpómene que atraíam com seus cantos os navegantes para os escolhidos, simbolizam os perigos do mar. Aparecem na *Odisséia* (XII, v. 39-46; v. 182-200).
37. As fúrias são divindades infernais dos romanos, equivalentes às erínias ou eumênides gregas.
38. As parcas são três deusas infernais que fiavam, dobravam e cortavam o fio das vidas humanas.
39. As harpias são divindades funerárias, muitas vezes confundidas com as fúrias.
40. É o caso do Polifemo, cíclope que Ulisses cega na *Odisséia* (I, v. 68-73).
41. Sileno é o deus das fontes e dos rios, pai de criação do deus Dionísio e pai dos sátiros.

Mas sente-se aqui que esta parte da arte está ainda na infância. A epopéia que, nesta época, imprime sua forma em tudo, a epopéia pesa sobre ela e a sufoca. O grotesco antigo é tímido, e procura sempre esconder-se. Sente-se que não está no seu terreno, porque não está na sua natureza. Dissimula-se o mais que pode. Os sátiros, os tritões, as sereias, são apenas disformes. As parcas, as harpias são antes horrendas por seus atributos que por seus traços; as fúrias são belas, e chamam-nas *eumênides,* isto é, *doces, benfazejas*[42]. Há um véu de grandeza ou de divindade sobre outros grotescos. Polifemo é gigante; Midas é rei[43]; Sileno é deus.

Portanto, a comédia passa quase despercebida no grande conjunto épico da Antigüidade. Ao lado dos carros olímpicos, que é a carroça-báscula de Téspis?[44] Perto dos colossos homéricos, Ésquilo, Sófocles, Eurípedes, que são Aristófanes e Plauto? Homero os leva com ele, como Hércules levava os pigmeus[45], ocultos em sua pele de leão.

No pensamento dos Modernos, ao contrário, o grotesco tem um papel imenso. Aí está por toda a parte; de um lado, cria o disforme e o horrível; do outro, o cômico

---

42. As infernais erínias, deusas da vingança, eram chamadas "benfazejas" (eumênides), por antífrase e para conjurar a má sorte.
43. Midas, rei frígio (717-676 a. C.). Conta a lenda que Apolo, enciumado por ter o rei preferido o talento musical de outro e não o seu, vingou-se, dotando-o de orelhas de asno.
44. Téspis é o pai da tragédia grega (VI a. C.). Saindo do recinto sacro, com sua carroça, praticou o teatro ambulante.
45. Os pigmeus são anões mitológicos que atacaram Hércules e foram por ele esmagados sob sua pele de leão.

e o bufo. Põe ao redor da religião mil superstições originais, ao redor da poesia, mil imaginações pitorescas. É ele que semeia, a mancheias, no ar, na água, na terra, no fogo, estas miríades de seres intermediários que encontramos bem vivos nas tradições populares da Idade Média; é ele que faz girar na sombra a ronda pavorosa do sabá, ele ainda que dá a Satã os cornos, os pés de bode, as asas de morcego. É ele, sempre ele, que ora lança no inferno cristão estas horrendas figuras que evocará o áspero gênio de Dante e de Milton, ora o povoa com estas formas ridículas no meio das quais se divertirá Callot[46], o Michelangelo burlesco. Se passa do mundo ideal ao mundo real, aqui desenvolve inesgotáveis paródias da humanidade. São criações de sua fantasia estes Scaramuccias, estes Crispins, estes Arlequins[47], trejeitadoras silhuetas do homem, tipos completamente desconhecidos da grave Antigüidade, e provenientes, entretanto, da clássica Itália. É ele enfim que, colorindo alternadamente o mesmo drama com a imaginação do Sul e com a imaginação do Norte, faz cabriolar Sganarello ao redor de D. Juan[48], e rastejar Mefistófeles ao redor de Fausto[49].

---

46. Callot, gravador francês (1592-1635), é autor de cenas satíricas e realistas.
47. Scaramuccia (o ator napolitano Tiberio Fiorilli), Crispim e Arlequim foram muito aplaudidos em Paris do século XVII.
48. Sganarello é o criado de D. Juan, na peça *D. Juan* de Molière.
49. Hugo diz numa nota: "Este grande drama do homem que se dana domina todas as imaginações da Idade Média. Polichinelo, [...] não é senão uma forma trivial e popular [...] D. Juan, é o corpo; Fausto, é o espírito. Estes dois se completam". Nota transcrita por Michel Cambien, *op. cit.* p. 46.

E como é livre e franco no seu andar! como faz ousadamente jorrar todas estas formas bizarras que a idade precedente tinha tão timidamente envolvido em cueiros! A poesia antiga, obrigada a dar companheiros ao manco Vulcano[50], tinha feito esforços para disfarçar sua deformidade, estendendo-o de alguma forma sobre proporções colossais. O gênio moderno conserva este mito dos ferreiros sobrenaturais, mas bruscamente lhe imprime um caráter bem oposto e que o torna bem mais surpreendente; transforma os gigantes em anões; dos cíclopes faz os gnomos[51]. E com a mesma originalidade que à hidra, um pouco vulgar de Lerna[52], ele substitui todos estes dragões locais de nossas lendas: a *gargouille* de Rouen[53], a *Gra-ouilli* de Metz, a *chairsallée* de Troyes, a *drée* de Montlhéry, a tarasca de Tarascon[54], monstros de formas tão variadas e cujos nomes barrocos são um caráter a mais. Todas estas criações vão buscar na sua própria natureza este tom enérgico e profundo diante do qual

---

50. Vulcano é o deus do fogo e do trabalho dos metais; é o homólogo romano de Hefestos.
51. Os gnomos são espíritos da terra e das montanhas, guardando tesouros subterrâneos. São pequenos e de aspecto disforme.
52. A hidra de Lerna é uma serpente monstruosa que vivia no pantanal de Lerna (Argólida), tendo sido morta por Héracles.
53. A *gargouille* é uma serpente horrenda que arrasava a região de Rouen, tendo sido morta por um santo bispo. É o símbolo do cristianismo vencendo o paganismo.
54. A *gra-ouilli*, a *chairsallée*, a *drée*, a tarasca são equivalentes mais ou menos diferençadas da *gargouille*. Cada cidade medieval conservava entre suas tradições a memória de um monstro lendário, honrando o herói que o havia vencido.

parece que a Antigüidade às vezes recuou. Certamente, as eumênides gregas são bem menos horríveis, e, como conseqüência, bem menos verdadeiras que as feiticeiras de *Macbeth*[55]. Plutão não é o diabo[56].

Deveria ser feito, em nossa opinião, um livro bem novo sobre o emprego do grotesco nas artes. Poder-se-ia mostrar que poderosos efeitos os Modernos tiraram deste tipo fecundo contra o qual uma crítica estreita se encarniça ainda em nossos dias. Já seremos talvez levados por nosso assunto a assinalar de passagem alguns traços deste vasto quadro. Somente diremos aqui que, como objetivo junto do sublime, como meio de contraste, o grotesco é, segundo nossa opinião, a mais rica fonte que a natureza pode abrir à arte. Rubens assim o compreendia sem dúvida, quando se comprazia em misturar com o desenrolar de pompas reais, com coroações, com brilhantes cerimônias, alguma hedionda figura de anão da corte. Esta beleza universal que a Antigüidade derramava solenemente sobre tudo não deixava de ser monótona; a mesma impressão, sempre repetida, pode fatigar com o tempo. O sublime sobre o sublime dificilmente produz um contraste, e tem-se necessidade de descansar de tudo, até do belo. Parece, ao contrário, que o grotesco é um tempo de parada, um termo de comparação, um ponto de partida, de onde nos elevamos para o belo com uma percepção mais fresca e mais excitada. A sala-

---

55. Alusão às três feiticeiras que aparecem na peça de Shakespeare.
56. Plutão é o deus subterrâneo que reina sobre os mortos. Preside também a riqueza da agricultura.

mandra⁵⁷ faz sobressair a ondina⁵⁸; o gnomo embeleza o silfo⁵⁹.

E seria também exato dizermos que o contato do disforme deu ao sublime moderno alguma coisa de mais puro, de maior, de mais sublime enfim que o belo antigo; e deve ser isso. Quando a arte é conseqüente com ela mesma, leva de maneira bem mais segura cada coisa para seu fim. Se o Elísio homérico está muito longe deste encanto etéreo, desta angélica suavidade do paraíso de Milton é que sob o éden há um inferno muito mais horrível que o Tártaro pagão⁶⁰. Crê-se que Francesca da Rimini e Beatriz seriam tão arrebatadoras num poeta que não nos encerrasse na torre da Fome e não nos forçasse a partilhar a repelente refeição de Ugolino⁶¹? Dante não teria tanta graça, se não tivesse tanta força. As náiades carnudas⁶², os robustos tritões, os zéfiros⁶³ libertinos têm

---

57. As salamandras são espíritos do fogo que vivem no centro da terra, segundo os feiticeiros.
58. A ondina é o espírito das águas, segundo as crenças populares escandinavas e germânica.
59. O silfo é o ser intermediário entre o duende e a fada, segundo as lendas célticas e germânicas.
60. Elísio é, nos infernos pagãos, a morada das almas virtuosas, enquanto o Tártaro o é das almas dos maus.
61. São personagens da *Divina Comédia* de Dante. Francesca da Rimini, casada com o disforme Lanciotto, expia eternamente o amor que sentiu por Paolo. Beatriz, a amada do escritor, depois de morta, vela por ele. O tirano Ugolino Della Gherardesca, encerrado na torre da Fome em Pisa, desejara alimentar-se com a carne de seus próprios filhos.
62. As náiades são divindades gregas das fontes e dos rios.
63. Os zéfiros são os deuses que personificam os ventos do oeste.

a fluidez diáfana de nossos ondinos e de nossas sílfides? Não é porque a imaginação moderna sabe fazer rondar horrendamente nos nossos cemitérios os vampiros, os ogres, os *aulnes,* os *psylles,* os *goules,* os *brucolaques, aspioles*[64], que ela pode dar às suas fadas forma incorpórea, e esta pureza de essência das quais se aproximam tão pouco as ninfas pagãs? A Vênus antiga é bela, admirável, sem dúvida; mas quem verteu sobre as figuras de Jean Goujon[65] esta elegância esbelta, estranha, aérea? quem lhes deu este caráter desconhecido de vida e de grandiosidade, se não a vizinhança das esculturas rudes e poderosas da Idade Média?

Se, no meio destas exposições necessárias, e que poderiam ser muito mais aprofundadas, o fio de nossas idéias não se rompeu no espírito do leitor, este compreendeu, sem dúvida, com que poder o grotesco, este germe da comédia, recolhido pela musa moderna, teve de crescer e ampliar-se desde que foi transportado para um terreno mais propício que o paganismo e a epopéia. Com efeito, na poesia nova, enquanto o sublime representará a alma tal qual ela é, purificada pela moral cristã, ele representará o papel da besta humana. O primeiro tipo, livre de toda mescla impura, terá como apanágio todos os encantos, todas as graças, todas as belezas; é preciso que possa criar um dia Julieta, Desdêmona, Ofé-

---

64. *Aulnes, psylles, goules, brucolaques, aspioles* são produtos das superstições populares. Charles Nodier, em *Smarra*, descreve algumas destas horrendas figuras.
65. Goujon, escultor e arquiteto francês (1510-1569), é o autor de algumas partes do Louvre.

lia⁶⁶. O segundo tomará todos os ridículos, todas as enfermidades, todas as feiúras. Nesta partilha da humanidade e da criação, é a ele que caberão as paixões, os vícios, os crimes; é ele que será luxurioso, rastejante, guloso, avaro, pérfido, enredador, hipócrita; é ele que será alternadamente Iago, Tartufo, Basílio; Polônio, Harpagão, Bartolo; Falstaff, Scapino, Fígaro⁶⁷. O belo tem somente um tipo; o feio tem mil. É que o belo, para falar humanamente, não é senão a forma considerada na sua mais simples relação, na sua mais absoluta simetria, na sua mais íntima harmonia com nossa organização. Portanto, oferece-nos sempre um conjunto completo, mas restrito como nós. O que chamamos o feio, ao contrário, é um pormenor de um grande conjunto que nos escapa, e que se harmoniza, não com o homem, mas com toda a criação. É por isso que ele nos apresenta, sem cessar, aspectos novos, mas incompletos.

Seguir o advento e a marcha do grotesco na era moderna é um estudo curioso. É de início uma invasão, uma irrupção, um transbordamento; é uma torrente que rompeu seu dique. Atravessa, ao nascer, a literatura

---

66. Heroínas de Shakespeare, nas peças *Romeu e Julieta, Otelo* e *Hamlet,* respectivamente.
67. Iago, Polonius, e Falstaff são personagens de Shakespeare, nas peças *Otelo, Hamlet* e *As Alegres Comadres de Windsor,* respectivamente. Tartufo, Harpagão e Scapino são personagens de Molière, em *Tartufo, O Avarento* e *As Artimanhas de Scapino,* respectivamente. Basílio, Bartolo e Fígaro são personagens de Beaumarchais, em *O Barbeiro de Sevilha* e *O Casamento de Fígaro.*

latina que está morrendo, colora Pérsio[68], Petrônio[69], Juvenal[70], e aí deixa *O Asno de Ouro* de Apuleio[71]. Daí, espalha-se na imaginação dos novos povos que refazem a Europa. Aparece abundantemente nos contistas, nos cronistas, nos romancistas. Vemo-lo estender-se do sul ao setentrião. Diverte-se nos sonhos das nações tudescas, e ao mesmo tempo vivifica com seu alento estes admiráveis *romanceros* espanhóis[72], verdadeira *Ilíada* da Cavalaria. É ele, por exemplo, que, no *Romance da Rosa,* assim pinta uma cerimônia augusta, a eleição de um rei:

Un grande vilain lors ils élurent,
Le plus ossu qu'entr'eux ils eurent[73].

Imprime sobretudo seu caráter a esta maravilhosa arquitetura que, na Idade Média, ocupa o lugar de todas as artes. Prende seu estigma na fachada das catedrais, emoldura seus infernos e seus purgatórios sob a ogiva

---

68. Pérsio, poeta latino (34-62), é o autor de sátiras de grande elevação moral.
69. Petrônio, autor latino do primeiro século depois de Cristo, é mais conhecido por seu *Satiricon*.
70. Juvenal, poeta e moralista latino (60-140), é o autor das *Sátiras*.
71. Apuleio, escritor latino (125-180), é o autor de *O Asno de Ouro*.
72. O *romancero* é uma coletânea de "romances", composições poéticas, populares, de temas variados. Os "romances históricos", traduzidos, haviam sido publicados por Abel Hugo, em 1823.
73. Hugo altera um pouco o texto do *Romance da Rosa*, escrevendo, "O mais feio então eles elegeram/O mais ossudo que entre eles tiveram".

dos portais, fá-los flamejar nos vitrais, desenrola seus monstros, seus cães de fila, seus demônios ao redor dos capitéis, ao longo dos frisos, nas bordas dos telhados. Estende-se sob inúmeras formas na fachada de madeira das casas, na fachada de pedra dos castelos, na fachada de mármore dos palácios. Das artes, passa para os costumes; e enquanto faz com que o povo aplauda os *graciosos* da comédia[74] dá aos reis os bobos da corte. Mais tarde, no século da etiqueta, nos mostrará Scarron[75] à beira mesmo do leito de Luís XIV. Até tal momento, é ele que orna o brasão, e que desenha no escudo dos cavaleiros estes simbólicos hieróglifos do feudalismo. Dos costumes, penetra nas leis; mil costumes bizarros testemunham sua passagem nas instituições da Idade Média. Da mesma forma que tinha feito saltar na sua carroça Téspis borrado de lia, dança com a *basoche*[76], sobre esta famosa mesa de mármore que servia ao mesmo tempo de palco para as farsas populares e para os banquetes reais. Enfim, admitido nas artes, nos costumes, nas leis, entra

---

74. Os *graciosos* são criados cômicos que aparecem nas peças do Século de Ouro espanhol, desde Lope de Vega. Além do elemento cômico, servem para contrastar com heróis e heroínas, estabelecendo-se o duplo plano: idealista e prático, entusiasta e burlesco, que é característico não apenas da época, mas de toda a literatura espanhola.
75. Scarron, o introdutor do burlesco na França (1610-1660), era disforme.
76. A *basoche* é a corporação do pessoal do judiciário que recebeu importantes privilégios de Felipe o Belo, em 1032. Por ocasião das suas festas tradicionais, realizava representações que eram muito aplaudidas.

até na igreja. Vemo-lo ordenar, em cada parte da catolicidade, algumas destas cerimônias singulares, destas estranhas procissões em que a religião anda acompanhada de todas as superstições, o sublime rodeado de todos os grotescos. Para pintá-lo com um traço, tal é, nesta aurora das letras, sua veia, seu vigor, sua seiva de criação, que ele projeta com o primeiro golpe, no limiar da poesia moderna, três Homeros cômicos: Ariosto, na Itália; Cervantes, na Espanha; Rabelais, na França[77].

Seria superabundante fazermos sobressair ainda mais esta influência do grotesco na terceira civilização. Tudo demonstra, na época dita romântica, sua aliança íntima e criadora com o belo. Até as mais ingênuas lendas populares explicam, algumas vezes, com um admirável instinto, este mistério da arte moderna. A Antigüidade não teria feito *A Bela e a Fera*[78].

É verdade dizer que, na época em que acabamos de deter-nos, a predominância do grotesco sobre o sublime, nas letras, está vivamente marcada. Mas é uma febre de reação, um ardor de novidade que passa; é uma primeira vaga que se retira pouco a pouco. O tipo do belo retomará logo seu papel e seu direito, que não é de excluir o outro princípio, mas de prevalecer sobre ele. Já é tempo de que o grotesco se contente com ter um canto do quadro nos afrescos reais de Murillo, nas páginas sagra-

---

77. Hugo explica numa nota: "Esta surpreendente expressão, *Homero cômico*, é de Ch. Nodier, que a criou para Rabelais, e que nos perdoará de tê-la estendido a Cervantes e a Ariosto". Nota transcrita por Michel Cambien, *op. cit.*, p. 52.
78. Conto da escritora Leprince de Beaumont.

das de Veronese; com estar nos dois admiráveis *Juízos Finais* dos quais as artes se orgulharão, nesta cena de arrebatamento e de horror com a qual Michelangelo enriquecerá o Vaticano, nestas assustadoras quedas de homens que Rubens precipitará ao longo das abóbadas da catedral de Antuérpia. Chegou o momento em que o equilíbrio entre os dois princípios vai estabelecer-se. Um homem, um poeta-rei, *poeta soverano,* como Dante o diz de Homero[79], vai tudo fixar. Os dois gênios rivais unem sua dupla chama, e desta chama brota Shakespeare[80].

Eis-nos chegando à sumidade poética dos tempos modernos. Shakespeare, é o drama; e o drama, que funde sob um mesmo alento o grotesco e o sublime, o terrível e o bufo, a tragédia e a comédia, o drama é o caráter próprio da terceira época de poesia, da literatura atual.

Assim, para resumirmos rapidamente os fatos que observamos até aqui, a poesia tem três idades, das quais cada uma corresponde a uma época da sociedade: a ode, a epopéia, o drama. Os tempos primitivos são líricos, os tempos antigos são épicos, os tempos modernos são dramáticos. A ode canta a eternidade, a epopéia soleniza a história, o drama pinta a vida[81]. O caráter da primeira poesia é a ingenuidade, o caráter da segunda é a simplicidade, o caráter da terceira, a verdade. Os rapsodos

---

79. Dante emprega esta expressão na *Divina Comédia,* no canto IV do Inferno. Mantivemos a grafia de Hugo.
80. Hugo vai expor agora sua Teoria sobre o drama.
81. Diz Hugo numa nota: "Mas, dir-se-á, o drama pinta também a história dos povos. Sim, mas como *vida,* não como *história.*

marcam a transição dos poetas líricos aos poetas épicos, como os romancistas dos poetas épicos aos poetas dramáticos. Os historiadores nascem com a segunda época; os cronistas e os críticos com a terceira. As personagens da ode são colossos: Adão, Caim, Noé; os da epopéia são gigantes: Aquiles, Atreu, Orestes[82]; os do drama são homens: Hamlet, Macbeth, Otelo. A ode vive do ideal, a epopéia do grandioso, o drama do real. Enfim, esta tripla poesia provém de três grandes fontes: a Bíblia, Homero, Shakespeare.

Tais são pois, e nisto nos limitamos a levantar um resultado, as diversas fisionomias do pensamento nas diferentes eras do homem e da sociedade. Eis suas três faces, de juventude, de virilidade e de velhice. Que se examine uma literatura em particular, ou todas as literaturas em massa, chegar-se-á sempre ao mesmo fato: os poetas líricos antes dos poetas épicos, os poetas épicos antes dos poetas dramáticos. Na França, Malherbe[83] an-

---

Deixa ao historiador a exata série dos fatos gerais, a ordem das datas, as batalhas, as conquistas, os desmembramentos de impérios, todo o exterior da história. Toma o seu interior. O que a história esquece ou desdenha, os pormenores de vestuário, de costumes, de fisionomias, a parte de baixo dos acontecimentos, a vida, em uma palavra, lhe pertence". Nota transcrita por Michel Cambien, *op. cit.,* p. 54.

82. Atreu, rei de Micena, matando os sobrinhos e oferecendo-os como alimento ao próprio pai das crianças, atraiu a maldição sobre sua família: os Atridas. Agamenon, Orestes e Eletra são seus descendentes.

83. Malherbe é poeta lírico francês (1555-1628), além de teórico da poesia.

tes de Chapelain[84], Chapelain antes de Corneille; na antiga Grécia, Orfeu[85] antes de Homero, Homero antes de Ésquilo; no livro primitivo, a Gênese antes dos Reis, os Reis antes de Jó[86]; ou, para retomar esta grande escala de todas as poesias que percorríamos há pouco, a Bíblia antes da *Ilíada,* a *Ilíada* antes de Shakespeare.

A sociedade, com efeito, começa por cantar o que sonha, depois conta o que faz, e enfim se põe a pintar o que pensa. É, digamo-lo de passagem, por esta última razão que o drama, unindo as mais opostas qualidades, pode bem ser ao mesmo tempo cheio de profundidade e cheio de relevo, filosófico e pitoresco.

Seria conseqüente acrescentar aqui que tudo, na natureza e na vida, passa por estas três fases, do lírico, do épico e do dramático, porque tudo nasce, age e morre. Se não fosse ridículo misturar as fantásticas aproximações da imaginação com as severas deduções do raciocínio, um poeta poderia dizer que o nascer do sol, por exemplo, é um hino; seu meio-dia, uma brilhante epopéia; seu declínio, um sombrio drama em que lutam o

---

84. Chapelain, poeta francês (1595-1674), redator dos *Sentimentos da Academia sobre o Cid,* é o autor de um poema épico: *A Donzela.* Embora projetado e anunciado desde 1625, só foi publicado em 1656, sendo portanto posterior ao *Cid* de Corneille (1636).
85. Orfeu, o mais célebre músico da Antigüidade, desceu aos Infernos para reclamar Eurídice que acabava de morrer e, com sua música, fascinou as divindades infernais.
86. Três livros do Antigo Testamento.

dia e a noite, a vida e a morte. Mas seria poesia, loucura talvez; e *que é que isso prova*[87]?

Atenhamo-nos aos fatos reunidos mais acima: completemo-los aliás por uma observação importante. É que não pretendemos de maneira alguma atribuir às três épocas da poesia um domínio exclusivo, mas somente fixar seu caráter dominante. A Bíblia, este divino monumento lírico, encerra, como o indicávamos há pouco, uma epopéia e um drama em germe, os Reis e Jó[88]. Sente-se em todos os poemas homéricos um resto de poesia lírica e um começo de poesia dramática. A ode e o drama se cruzam na epopéia. Há tudo em tudo; só que existe em cada coisa um elemento gerador ao qual se subordinam todos os outros, e que impõe ao conjunto seu caráter próprio.

O drama é a poesia completa. A ode e a epopéia não o contêm senão em germe; ele as contém, uma e outra, em desenvolvimento; ele as resume e encerra ambas. Certamente, aquele que disse: os *franceses não têm cabeça épica*[89], disse uma coisa justa e fina; se tivesse mesmo dito os *Modernos,* a frase espirituosa teria sido uma frase profunda. É, no entanto, incontestável que há sobretudo gênio épico nesta prodigiosa *Atália,* tão ele-

---

87. La Harpe conta: "Riu-se mil vezes deste geômetra que dizia da tragédia de *Fedra:* 'Que é que isso prova?'" (*Liceu ou Curso de Literatura Antiga e Moderna,* XII, XV).
88. Chateaubriand diz: "Há três estilos principais na Escritura" (*Gênio do Cristianismo,* 2ª parte, Livro V, Cap. II).
89. Malézieu, ao ser consultado sobre a *Henriade* de Voltaire, teria respondido: "Os franceses não têm cabeça épica".

vada e tão simplesmente sublime que o século real não a pôde compreender[90]. É certo ainda que a série dos dramas-crônicas de Shakespeare apresenta um grande aspecto de epopéia. Mas é sobretudo a poesia lírica que convém ao drama; nunca o perturba, dobra-se a todos os seus caprichos, folga sob todas as suas formas, ora sublime em Ariel, ora grotesca em Calibã[91]. Nossa época, dramática antes de tudo, é por isso mesmo eminentemente lírica. É que há mais de uma relação entre o começo e o fim; o pôr-do-sol tem alguns traços do seu nascer; o ancião se torna novamente criança. Mas essa última infância não se assemelha à primeira; é tão triste quanto a outra era alegre. Passa-se o mesmo com a poesia lírica. Deslumbrante, sonhadora na aurora dos povos, reaparece sombria e reflexiva no seu declínio. A Bíblia se abre risonha com o Gênese, e se fecha sobre o ameaçador Apocalipse. A ode moderna é sempre inspirada, mas não é mais ignorante. Medita mais do que contempla; seu sonho é melancolia. Vê-se, por seus partos, que esta musa se uniu com o drama.

Para tornar sensíveis, por uma imagem, as idéias que acabamos de aventurar, compararíamos a poesia lírica primitiva a um lago tranqüilo que reflete as nuvens e as estrelas do céu; a epopéia é o rio que dele provém e que corre, refletindo suas margens, florestas, campos e cida-

---

90. *Atália* é uma das obras-primas de Racine (1639-1699), dramaturgo freqüentemente lembrado no *Prefácio*.
91. Ariel e Calibã são personagens da *Tempestade* de Shakespeare. O primeiro é o espírito do ar, gracioso e leve; o segundo, um demônio disforme e malfazejo.

des, para lançar-se no oceano do drama. Enfim, como o lago, o drama reflete o céu; como o rio, reflete suas margens; mas só tem abismos e tempestades.

É, pois, no drama que tudo vem dar, na poesia moderna. *O Paraíso Perdido* é um drama antes de ser uma epopéia. É, sabe-se, sob a primeira destas formas que ele se apresentou de início à imaginação do poeta, e que permanece sempre impresso na memória do leitor, tanto a antiga armação dramática está ainda saliente sob o edifício épico de Milton[92]! Quando Dante Alighieri terminou o temível "Inferno"[93], fechou suas portas, e não lhe resta mais senão dar um nome à sua obra, o instinto de seu gênio faz com que veja que este poema multiforme é uma emanação do drama, não da epopéia; e no frontispício do gigantesco monumento, escreve com sua pena de bronze: *Divina Comédia*[94].

Vê-se, pois, que os dois únicos poetas dos tempos modernos que são do porte de Shakespeare se reúnem na sua unidade. Concorrem com ele para imprimir a tin-

---

92. Tendo o jovem poeta inglês Milton (1608-1674) assistido em Milão a uma comédia de Andreino, teria composto parte de uma tragédia com o mesmo assunto, e a peça teria começado com o monólogo de Satã que se encontra no *Paraíso Perdido*, Canto IV.
93. A *Divina Comédia* se compõe de um prólogo e três partes: o "Inferno", o "Purgatório" e o "Paraíso".
94. Segundo Rivarol, Dante deu tal título à sua obra porque "tendo honrado a *Eneida* com o nome de *Alta tragédia,* quis tomar um título mais humilde, que melhor conviesse ao estilo que emprega, tão diferente, com efeito, daquele de seu mestre". Nota de Michel Cambien, *op. cit.,* p. 58.

ta dramática em toda a nossa poesia; são como ele, mescla de grotesco e de sublime; e, longe de o puxarem para si, neste grande conjunto literário que se apóia em Shakespeare, Dante e Milton são de alguma forma os dois arcobotantes do edifício do qual ele é o pilar central, os contrafortes da abóbada da qual ele é o fecho.

Permitam-nos retomar aqui algumas idéias já enunciadas, mas nas quais é preciso insistir. Aqui chegamos, agora é preciso que de lá partamos de novo.

Do dia em que o cristianismo disse ao homem:

> Você é duplo, você é composto de dois seres, um perecível, o outro imortal; um carnal, o outro etéreo; um, prisioneiro dos apetites, necessidades e paixões, o outro levado pelas asas do entusiasmo e da fantasia: aquele, enfim, sempre curvado para a terra, sua mãe, estoutro lançado sem cessar para o céu, sua pátria[95];

desde este dia foi criado o drama. Será, com efeito, outra coisa este contraste de todos os dias, esta luta de todos os instantes entre dois princípios opostos que sempre estão em presença na vida, e que reivindicam o homem desde o berço até a sepultura?

A poesia nascida do cristianismo, a poesia de nosso tempo é, pois, o drama; o caráter do drama é o real; o real resulta da combinação bem natural de dois tipos, o sublime e o grotesco, que se cruzam no drama, como se cruzam na vida e na criação. Porque a verdadeira poesia, a poesia completa, está na harmonia dos contrá-

---

95. Influência de Chateaubriand (*Gênio do Cristianismo*, 2ª e 3ª partes) e de Mme. de Staël (*Da Literatura*).

rios. Depois, é tempo de dizê-lo em voz alta, e é aqui sobretudo que as exceções confirmariam a regra, tudo o que está na natureza está na arte.

E, colocando-nos sob este ponto de vista para julgar nossas pequenas regras convencionais, para desenredar todos estes labirintos escolásticos, para resolver todos estes problemas mesquinhos que os críticos dos dois últimos séculos laboriosamente levantaram ao redor da arte, ficamos surpreendidos pela prontidão com a qual a questão do teatro moderno se torna límpida. O drama não precisa senão dar um passo para rebentar todos estes fios de aranha com que as milícias de Lilliput acreditaram assujeitá-lo no seu sono[96].

Assim, pedantes estouvados (um não exclui o outro) pretendem que o disforme, o feio, o grotesco nunca devam ser objetos de imitação para a arte; responde-se-lhes que o grotesco é a comédia, e que, aparentemente, a comédia faz parte da arte. Tartufo não é belo, Pourceaugnac não é nobre; Pourceaugnac e Tartufo são admiráveis jatos da arte[97].

Se, repelidos deste entrincheiramento na sua segunda linha de fiscalização, renovarem sua proibição do grotesco aliado ao sublime, da comédia fundida na tragédia, faça-se com que vejam que, na poesia dos povos cristãos, o primeiro destes dois tipos representa a fera humana, o segundo a alma. Estes dois ramos da arte, se se impede que seus galhos se misturem, se são sistema-

---

96. Alusão às *Viagens de Gulliver*, de Swift.
97. Personagens de Molière, em peças com o mesmo nome.

ticamente separados, produzirão como frutos, de uma parte, abstrações de vícios, de ridículos; de outra, abstrações de crime, de heroísmo e de virtude. Os dois tipos, assim isolados e entregues a si mesmos, ir-se-ão cada um por seu lado, deixando entre eles o real, um à sua direita, o outro à sua esquerda. Conseqüentemente, depois destas abstrações, restará alguma coisa a representar: o homem. Depois destas tragédias e comédias, alguma coisa a fazer: o drama.

No drama, tal como se pode, se não executá-lo, pelo menos concebê-lo, tudo se encadeia e se deduz assim como na realidade. O corpo representa o seu papel como a alma; e os homens e os acontecimentos, postos em jogo por este duplo agente, passam alternadamente, cômicos e terríveis, algumas vezes terríveis e cômicos, ao mesmo tempo. Assim dirá o juiz: "Condenado à morte, e vamos jantar"![98] Assim, o senado romano deliberará sobre o rodovalho de Domiciano[99]. Assim Sócrates, bebendo a cicuta e falando da alma imortal e do deus único, interromper-se-á para recomendar que se sacrifique um galo

---

98. Voltaire, em *Sócrates*, faz com que uma de suas personagens, um juiz, proponha a condenação de todos os geômetras, ao que o outro responde: "Sim, nós o enforcaremos na primeira sessão. Vamos jantar".
99. Domiciano, imperador romano (81-96), pelo que nos conta a "Sátira IV", de Juvenal, teria recebido um enorme rodovalho de presente e, não sabendo o que fazer com ele, teria consultado seus conselheiros. Após grandes reflexões foi-lhe aconselhado a fabricação de um enorme recipiente para acomodar um peixe tão grande.

a Esculápio[100]. Assim, Elizabeth[101] blasfemará e falará latim. Assim Richelieu suportará o capuchinho José[102]; e Luís XI, seu barbeiro, mestre Olivier, o Diabo. Assim Cromwell dirá: *Tenho o parlamento no meu saco e o rei no meu bolso*[103]; ou, com a mão que assina a sentença de morte de Carlos I[104], borrará com tinta o rosto de um regicida que lhe devolverá rindo[105]. Assim César no carro do triunfo terá medo de tombar[106]. Porque os homens de gênio, por grandes que sejam, têm sempre sua fera que parodia sua inteligência. É por isso que entram em contato com a humanidade; é por isso que são dramáticos. "Do sublime ao ridículo há apenas um passo", dizia Napoleão[107], quando se convenceu de que era homem; e este relâmpago de uma alma de fogo que se entreabre, ilumina ao mesmo tempo a arte e a história, este grito de angústia é o resumo do drama e da vida.

---

100. Fato narrado por Platão (*Fedon*, 118).
101. Elizabeth da Inglaterra.
102. Joseph du Tremblay, conselheiro particular de Richelieu.
103. Villemain, na *História de Cromwell*, conta que Lord-protetor, Cromwell, dizia, jactanciosamente, ter "o rei sob sua mão e o Parlamento no bolso". Nota de Michel Cambien, *op. cit.,* p. 62.
104. Carlos I, rei da Inglaterra (1600-1649), cuja condenação e morte deram o poder a Cromwell.
105. Segundo Villemain, na sua *História de Cromwell*.
106. Dado cuja fonte é ignorada. Saetônio dá uma imagem diferente de César.
107. Frase do Bispo de Pradt, na *História da Embaixada no Grão-ducado de Varsóvia, em 1812*. Nota de Michel Cambien, *op. cit.*, p. 64.

Coisa surpreendente, todos estes contrastes se encontram nos próprios poetas, tomados como homens. A força de meditarem sobre existência, de fazerem ressaltar sua pungente ironia, de lançarem abundantemente o sarcasmo e a zombaria sobre nossas enfermidades, estes homens que tanto nos fazem rir se tornam profundamente tristes. Estes Demócritos são também Heráclitos. Beaumarchais era tristonho[108], Molière era sombrio, Shakespeare, melancólico.

É, pois, o grotesco uma das supremas belezas do drama. Não é só uma conveniência sua; é freqüentemente uma necessidade. Algumas vezes chega em massas homogêneas, em caracteres completos: Dandin, Prúsias, Trissotin, Brid'oison, a ama de Julieta; algumas vezes, marcado pelo terror, como: Ricardo III, Bégears, Tartufo, Mefistófeles; algumas vezes, mesmo, velado pela graça e elegância, como: Fígaro, Osrick, Mercutio, D. Juan[109]. Infiltra-se por toda a parte, pois da mesma forma que os mais vulgares têm várias vezes acessos de sublime, os mais elevados pagam freqüentemente tribu-

---

108. Beaumarchais, dramaturgo francês (1732-1799), autor de *O Barbeiro de Sevilha* e de *O Casamento de Fígaro*, seria um homem tristonho.
109. Dandin, personagem de *Os Litigantes*, de Racine (e não o de Molière); Prúsias, de *Nicomedes*, de Corneille; Trissotin, de *As Sabichonas*, de Molière; Brid'oison, de *O Casamento de Fígaro*, de Beaumarchais; a ama e Ricardo III, de *Romeu e Julieta* e *Ricardo III*, de Shakespeare; Bégears, de *A Mãe Culpada*, de Beaumarchais; Mefistófeles, de *Fausto*, de Goethe; Osrick, de *Hamlet* e Mercutio, de *Romeu e Julieta*, de Shakespeare.

to ao trivial e ao ridículo. Portanto, freqüentemente inapreensível, freqüentemente imperceptível, sempre está presente no palco, ainda quando se cala, ainda quando se oculta. Graças a ele, não há impressões monótonas. Ora lança riso, ora lança horror na tragédia. Fará com que se encontrem o boticário e Romeu, as três feiticeiras e Macbeth, os coveiros e Hamlet[110]. Às vezes, enfim, pode sem discordância, como na cena do rei Lear e seu bufão, mesclar sua voz gritante com as mais sublimes, as mais lúgubres, as mais sonhadoras músicas da alma[111].

Eis o que soube fazer entre todos, da maneira que lhe é própria e que seria tão inútil quanto impossível imitar, Shakespeare, este deus do teatro, em quem parecem reunidos, como numa trindade, os três grandes gênios característicos de nosso teatro: Corneille, Molière, Beaumarchais.

Vê-se como a arbitrária distinção dos gêneros se desmorona depressa diante da razão e do gosto. Não se poderia menos facilmente arruinar a pretensa regra das duas unidades. Dizemos duas e não três unidades[112], visto que a unidade de ação ou de conjunto, a única verdadeira e fundada, está há muito tempo fora de causa.

---

110. Romeu, querendo suicidar-se, procura o veneno e este lhe é fornecido por um boticário ridículo; Macbeth encontra três feiticeiras, numa charneca, e elas prometem satisfazer-lhe a ambição de ser rei; Hamlet conversa com dois coveiros no cemitério.
111. Refere-se ao *Rei Lear*, I, X e III, II.
112. É a regra das três unidades de Boileau (*Arte Poética*, III, v. 45-6).

Distintos contemporâneos, estrangeiros e nacionais, já atacaram, e pela prática e pela teoria, esta lei fundamental do código pseudo-aristotélico. Além disso, o combate não devia ser longo. À primeira sacudidela, estalou, tanto estava carunchada esta viga do velho casebre escolástico!

O que há de estranho, é que os rotineiros pretendem apoiar sua regra das duas unidades na verossimilhança, ao passo que é precisamente o real que a mata. Que há de mais inverossímil e de mais absurdo, com efeito, que este vestíbulo, este peristilo, esta antecâmara, lugar banal em que nossas tragédias têm a complacência de se desenrolarem, a que chegam, não se sabe como, os conspiradores para declamarem contra o tirano, o tirano para declamar contra os conspiradores, cada um por sua vez, como se tivesse dito, bucolicamente:

Alternis cantemus; amant alterna Camenae[113].

Onde se viu vestíbulo ou peristilo desta espécie? Que há de mais contrário, não diremos à verdade – os escolásticos não lhe dão importância –, mas à verossimilhança? Daí resulta que tudo o que é característico demais, íntimo demais, local demais, para passar-se na antecâmara ou na encruzilhada, isto é, todo o drama se passa nos bastidores. Não vemos, de certa forma, no

---

113. "Cantemos em versos alternados; as Musas gostam da alternância". Mas Virgílio, nas *Bucólicas* (III, v. 59), não diz exatamente isso.

teatro senão os cotovelos da ação; suas mãos estão alhures. No lugar de cenas, temos narrações[114]; em lugar de quadros, descrições. Graves personagens colocados, como o coro antigo, entre o drama e nós, vêm contar-nos o que se faz no templo, no palácio, na praça pública, de maneira que, muitas vezes, somos tentados a gritar: "Realmente! mas conduzam-nos pois até lá! Lá deve ser bem divertido! Deve ser bonito ver!" Ao que, sem dúvida, responderiam eles: "É possível que isto os divertisse ou lhes interessasse, mas não se trata disso; somos os guardas da dignidade da Melpómene francesa"[115]. Pronto!

Mas, dir-se-á, esta regra que o senhor repudia é emprestada pelo teatro grego. — Em que o teatro e o drama gregos se assemelham ao nosso drama e ao nosso teatro? Aliás, já fizemos ver que a prodigiosa extensão do palco antigo lhe permitia abarcar toda uma localidade, de maneira que o poeta podia, segundo as necessidades da ação, transportá-la à sua vontade, de um a outro ponto do teatro, o que bem equivale, aproximadamente, às mudanças de decoração. Estranha contradição! O teatro grego, por mais assujeitado que estivesse a uma finalidade nacional e religiosa, é muito mais livre que o nosso, cujo único objeto, no entanto, é o prazer, e, se se quiser, o ensino do espectador. É que um obedece somente às leis que lhe são próprias, enquanto o

---

114. Boileau, na *Arte Poética* (III, v. 51), diz: "O que não deve ser visto, que um relato no-lo exponha".
115. Melpómene é a musa da tragédia na mitologia grega.

outro se aplica condições de ser perfeitamente estranhas à sua essência. Um é artista, o outro é artificial.

Começa-se a compreender atualmente que a localidade exata é um dos primeiros elementos da realidade. As personagens falantes ou atuantes não são as únicas que gravam no espírito do espectador a fiel marca dos fatos. O lugar em que tal catástrofe se passou se torna uma testemunha terrível e inseparável; e a ausência desta espécie de personagem muda tornaria incompleta, no drama, as maiores cenas da história. O poeta ousaria assassinar Rizzio[116] em outro lugar que não fosse no aposento de Maria Stuart[117]? Apunhalar Henrique IV em outro lugar que não nesta rua da Ferronnerie, toda obstruída com veículos? Queimar Joana D'Arc em outra parte que não no Velho Mercado[118]? Enviar o Duque de Guise a outra parte que não ao castelo de Blois[119], em que sua ambição faz fermentar uma assembléia popular? Decapitar Carlos I e Luís XVI em outro lugar que não nessas praças sinistras de onde se pode ver White-Hall e as Tuileries, como se cadafalsos servissem de pendente a seus palácios?

---

116. Rizzio é o secretário de Maria Stuart, que foi assassinado, por ciúme, pelo segundo marido da rainha.
117. Alusão à adaptação de Lebrun da peça *Maria Stuart,* de Schiller, que acabava de obter sucesso.
118. Alusão crítica ao desenlace da peça de Schiller, *A Donzela de Orléans,* em que a heroína Joana D'Arc morria durante um combate.
119. Alusão aos *Estados de Blois,* de Louis Vitet.

A unidade de tempo não é mais sólida que a unidade de lugar. A ação, emoldurada à força nas vinte e quatro horas, é tão ridícula quanto emoldurada pelo vestíbulo. Toda ação tem sua própria duração como seu lugar particular. Atribuir a mesma dose de tempo a todos os acontecimentos! Aplicar a mesma medida a tudo! Rir-se-ia de um sapateiro que quisesse pôr o mesmo sapato em todos os pés. Cruzar a unidade de tempo com a unidade de lugar como as barras de uma prisão, e aí fazer entrar pedantescamente, em nome de Aristóteles, todos estes fatos, todos estes povos, todas estas figuras que a providência desenrola em tão grandes massas na realidade! É mutilar homens e coisas; é caretear a história. Digamos melhor: tudo isso morrerá na operação; e é assim que os mutiladores dogmáticos chegam a seu habitual resultado: o que era vivo na crônica está morto na tragédia. Eis porque, muito freqüentemente, a prisão das unidades encerra apenas um esqueleto.

E depois, se vinte e quatro horas podem ser compreendidas em duas, será lógico que quatro horas possam conter quarenta e oito. A unidade de Shakespeare não será, pois, a unidade de Corneille. Piedade[120]!

São estas, entretanto, as pobres chicanas que há dois séculos a mediocridade, a inveja e a rotina fazem ao gênio! Foi assim que se limitou o impulso de nossos maiores poetas. Foi com a tesoura das unidades que lhes cortaram

---

120. Corneille já se preocupava com este assunto, no *Discurso das três Unidades* (1660).

as asas. E que nos deram em troca destas penas de águia cortadas de Corneille e de Racine? Campistron[121].

Imaginamos que poderiam dizer: — Há nas mudanças de decoração freqüentes demais alguma coisa que enreda e fatiga o espectador, e que produz sobre sua atenção o efeito do deslumbramento; pode também acontecer que transferências múltiplas de um a outro lugar, de um a outro tempo, exijam contra-exposições que o esfriem; é preciso temer ainda o fato de deixar no meio de uma ação lacunas que impeçam que as partes do drama adiram estreitamente entre si e que além disso desconcertem o espectador porque não se dá conta do que pode haver nestes vazios... — Mas são precisamente estas as dificuldades da arte. São destes obstáculos próprios de tais ou tais assuntos, e sobre os quais não se poderia decidir uma vez por todas. Cabe ao gênio resolvê-los, não às *poéticas* evitá-los.

Bastaria, enfim, para demonstrarmos o absurdo da regra das duas unidades, uma última razão, tomada nas entranhas da arte. É a existência da terceira unidade, a unidade de ação, a única admitida por todos porque resulta de um fato: o olhar e o espírito humano não poderiam captar mais de um conjunto ao mesmo tempo. Essa é tão necessária quanto as duas outras são inúteis. É ela que marca o ponto de vista do drama. Ora, é justamente por isso que exclui as duas outras.

---

121. Campistron é dramaturgo francês (1656-1723), a cuja mediocridade Hugo faz também referência no Prefácio das *Odes e Baladas* (1826).

Não é possível tampouco haver três unidades no drama como três horizontes num quadro. Além disso, guardemo-nos de confundir a unidade com a simplicidade de ação. A unidade de conjunto não repudia de maneira alguma as ações secundárias nas quais deve apoiar-se a ação principal. É preciso somente que estas partes, subordinadas ao todo de maneira hábil, gravitem sem cessar para a ação central e se agrupem ao redor dela nos diferentes andares, ou antes, nos diversos planos do drama[122]. A unidade de conjunto é a lei de perspectiva do teatro.

Mas, exclamarão os fiscais do pensamento, grandes gênios, entretanto, as suportaram, estas regras que o senhor rejeita! — Sim, infelizmente! Mas que teriam feito estes homens admiráveis, se lhes tivessem permitido? Pelo menos, não aceitaram seus ferros, sem combate. É preciso ver como Pierre Corneille, atormentado no início da carreira por causa de sua maravilha do *Cid,* se debate sob Mairet[123], Claveret[124], d'Aubignac[125] e Scudéry[126]! Como denuncia à posteridade as violências destes ho-

---

122. Corneille tem uma idéia semelhante no *Discurso das três Unidades.*
123. Mairet, dramaturgo e crítico francês (1604-1686), compôs *Sofonisba,* a primeira tragédia regular (1634).
124. Claveret, jurista e escritor francês, é inimigo de Corneille, depois de ter sido seu amigo.
125. O Abade d'Aubignac, crítico dramático francês (1604-1676), é o autor de *Prática do Teatro* (1657), obra importante para o conhecimento do teatro clássico.
126. Scudéry, poeta dramático francês (1601-1667), ataca Corneille nas *Observações sobre o Cid* (1637) e Corneille lhe responde.

mens que, diz ele, *se escudam em Aristóteles*[127]! É preciso ver como lhe dizem, e citamos textos da época: "Rapaz, é preciso aprender antes de ensinar, e excetuados um Scalígero[128] ou um Heinsius[129], isto não é suportável!" Corneille se revolta a este respeito e pergunta se querem fazê-lo descer "muito abaixo de Claveret!"[130] Nisso Scudéry se indigna contra tanto orgulho e lembra a

este três vezes grande autor do *Cid* [...] as modestas palavras pelas quais Tasso, o maior homem de seu século, começou a apologia da mais bela de suas obras, contra a mais azeda e a mais injusta censura, que jamais se fará talvez. O Sr. Corneille [acrescenta ele] testemunha bem em suas respostas que está tão longe da moderação quanto do mérito deste excelente autor[131].

O rapaz tão *justamente* e tão *docemente censurado* ousa resistir; então Scudéry volta à carga; pede socorro à *Academia Eminente:*

---

127. É interessante ver a *Carta Apologética do Senhor Corneille, Contendo sua Resposta às "Observações" Feitas pelo Senhor Scudéry sobre "O Cid".*
128. Scalígero, humanista italiano (1484-1558), é o autor da *Poética* (1561) que contém as primeiras bases da doutrina clássica.
129. Heinsius, humanista holandês (1580-1665), é responsável por muitas edições de textos antigos.
130. Corneille, *op. cit.*
131. Citação de Scudéry, redigida inicialmente segundo a ortografia da época; posteriormente, Hugo estabeleceu a ortografia do século XVII. A primeira parte da citação é tirada da *Carta do Sr. Scudéry à Ilustre Academia;* a segunda da *Prova das Passagens Alegadas nas Observações sobre o Cid.*

Pronunciai, Ó MEUS JUÍZES, uma sentença digna de vós, e que faça saber a toda a Europa que o *Cid* não é a obra-prima do maior homem da França, mas sim a menos judiciosa peça do sr. Corneille. Vós o deveis, e por vossa glória em particular, e pela de nossa nação em geral, que está interessada nisso: visto que os estrangeiros que poderiam ver esta bela obra-prima, eles que tiveram Tassos e Guarinis[132], creriam que nossos maiores mestres são apenas aprendizes.

Há nestas poucas linhas instrutivas toda a eterna tática da rotina invejosa contra o talento nascente, aquela que continua ainda hoje, e que dedicou, por exemplo, aos jovens ensaios de Lord Byron uma tão curiosa página[133]. Scudéry no-la dá em quinta-essência. Assim, as precedentes obras de um homem de gênio preferidas sempre às novas, a fim de provar que ele desce em lugar de subir: *Melita* e *A Galeria do Palácio*[134] postas acima do *Cid*. Depois, os nomes dos que morreram sempre alardeados diante dos que vivem: Corneille lapidado com Tasso e Guarini (Guarini!), como mais tarde lapidar-se-á Racine com Corneille, Voltaire com Racine, e como se lapida hoje tudo o que se eleva com Corneille, Racine e Voltaire. A tática, como se vê, está gasta, mas deve ser boa, posto que serve sempre. No entanto, o pobre diabo do grande homem respirava ainda. É aqui que devemos admirar como Scudéry, o fanfarrão dessa tragicomédia,

---

132. Guarini, poeta italiano (1538-1612), é o autor de uma tragicomédia pastoril famosa: *O Pastor Fiel.*
133. Alusão a um artigo de revista já criticado por Hugo, na *Musa Francesa.*
134. Comédias do início de carreira de Corneille. A primeira é de 1629 e a segunda, de 1633.

tendo perdido a paciência, o maltrata e destrata, como deixa conhecer sem piedade sua artilharia clássica, como "faz com que veja" o autor do *Cid* "quais devem ser os episódios, segundo Aristóteles, que o ensina nos capítulos décimo e décimo sexto de sua *Poética"*, como fulmina Corneille, em nome deste mesmo Aristóteles, "no capítulo décimo primeiro de sua *Arte Poética,* no qual se vê a condenação do *Cid";* em nome de Platão "livro décimo de sua *República";* em nome de Marcelino, "no livro vigésimo sétimo; pode-se ver"; em nome das "tragédias de Níobe e de Jefte"; em nome do *"Ajax* de Sófocles"; em nome do "exemplo de Eurípedes"; em nome de "Heinsius, no capítulo seis, *Constituição da Tragédia;* e Scalígero o filho, nas suas poesias"; enfim, em nome dos "Canonistas e Jurisconsultos, no título das Núpcias". Os primeiros argumentos se dirigiam à Academia, o último ao Cardeal. Depois das alfinetadas, o golpe decisivo. Foi preciso um juiz para resolver a questão. Chapelain decidiu. Corneille se viu então condenado, o leão foi amordaçado, ou, para dizer como naquela época, "la *Corneille* foi *déplumée"* (a gralha foi depenada)[135]. Eis agora o lado doloroso deste drama grotesco: foi depois de ter sido assim quebrado desde seu primeiro jato, que este gênio, bem moderno, bem nutrido pela Idade Média e pela Espanha, forçado a mentir para si mesmo e a lançar-se na Antigüidade, nos deu esta Roma castelhana, incontestavelmente

---

135. Alusão aos versos de Mairet, que imagina a reação de Guillén de Castro, autor das *Mocidades do Cid,* diante da imitação de Corneille. O dramaturgo espanhol diria que "a gralha" foi "depenada".

sublime, mas onde, exceto talvez em *Nicomedes,* tão zombado pelo último século por sua altiva e ingênua cor, não se encontra a verdadeira Roma nem o verdadeiro Corneille.

Racine experimentou os mesmos desgostos, sem oferecer aliás a mesma resistência. Não tinha, no gênio nem no caráter, a altiva aspereza de Corneille. Submeteu-se em silêncio, e abandonou aos desdéns de seu tempo a arrebatadora elegia de *Ester,* a magnífica epopéia de *Atália.* Por isso, deve-se crer que, se não tivesse sido paralisado como o foi pelos preconceitos de seu século, se tivesse sido menos freqüentemente torpedeado pelos clássicos, não teria deixado de lançar Locusta[136] no seu drama entre Narciso e Nero, e sobretudo não teria relegado aos bastidores esta admirável cena do banquete em que o aluno de Sêneca envenena Britânico na taça da reconciliação. Mas pode-se exigir do pássaro que voe sob um recipiente pneumático? Quantas belezas entretanto nos custam as pessoas de gosto, desde Scudéry até La Harpe! Compor-se-ia uma belíssima obra com tudo o que seu árido sopro secou em germe. Além disso, nossos grandes poetas souberam ainda fazer jorrar seu gênio através de todas estas dificuldades. Foi muitas vezes em vão que se quis emparedá-los nos dogmas e regras. Como o gigante hebreu, levaram consigo para a montanha as portas de sua prisão[137].

---

136. Locusta, envenenadora romana responsável pela morte do imperador Cláudio (por ordem de Agripina) e de Britânico (por ordem de Nero).
137. Alusão a uma proeza de Sansão (Juízes, XVI, 1-3).

Repete-se entretanto, e repetir-se-á algum tempo ainda, sem dúvida[138]: — Sigam as regras! Imitem os modelos! Foram as regras que formaram os modelos[139]! — Um momento! Há neste caso duas espécies de modelos, os que se fizeram segundo as regras, e, antes deles, os que segundo os quais, se fizeram as regras. Ora, em qual destas duas categorias o gênio deve procurar um lugar? Ainda que seja sempre duro estar em contato com os pedantes, não vale mil vezes mais dar-lhes lições que deles receber? E depois, imitar? O reflexo vale como a luz? O satélite que se arrasta sem cessar no mesmo círculo vale como o astro central e gerador? Com toda a sua poesia, Virgílio é apenas a lua de Homero.

E vejamos: quem imitar? — Os Antigos? Acabamos de provar que seu teatro não tem coincidência alguma com o nosso. Aliás, Voltaire, que não aceita Shakespeare, não aceita tampouco os gregos. Ele vai dizer-nos por que:

Os gregos arriscaram espetáculos não menos revoltantes para nós. Hipólito, partido por sua queda, vem contar seus ferimentos e lançar gritos dolorosos. Filotecto cai nos seus acessos de sofrimento; um sangue negro corre de sua chaga. Édipo, coberto de sangue que goteja ainda do resto de seus olhos que acaba de arrancar, queixa-se dos deuses e dos homens. Ouvem-se os gritos de Clitemnestra estrangulada pelo próprio filho, e Electra grita no palco: "Fira, não a poupe, ela não poupou nosso pai". Prometeu está preso num rochedo com cravos que lhe enterram no estômago

---

138. Hugo começa a tratar do problema da imitação.
139. Chapelain, na introdução aos últimos cantos de *A Donzela de Orléans,* diz: "Torna-se poeta pelo estudo das regras".

e nos braços. As Fúrias respondem à sombra sangrenta de Clitemnestra, com uivos sem nenhuma articulação... A arte estava em sua infância no tempo de Ésquilo, como em Londres no tempo de Shakespeare.

— Os Modernos? Ah! Imitar imitações! Graças!

— *Má*[140], objetar-se-á ainda, a maneira pela qual concebe a arte, o senhor parece esperar somente grandes poetas, contar sempre com o gênio? — A arte não conta com a mediocridade. Não lhe prescreve nada; não a conhece; a mediocridade não existe para ela. A arte dá asas e não muletas. Ai! D'Aubignac seguiu as regras, Campistron imitou os modelos. Que lhe importa! Não constrói seu palácio para as formigas. Deixa-as fazer seu formigueiro, sem saber se elas virão apoiar na sua base esta paródia de seu edifício.

Os críticos da escola escolástica põem seus poetas numa singular posição. De uma parte, gritam sem parar: "Imitem os modelos!" — De outra, têm o costume de proclamar que "os modelos são inimitáveis!" Bem, se seus operários, à força de labor, conseguem fazer passar neste desfiladeiro alguma pálida contraprova, algum decalque descolorido dos mestres, estes ingratos, ao examinarem o *refaccimiento*[141] novo, exclamam ora: "Isto não se assemelha a nada!" Ora: "Isto se assemelha a tudo!" E, por uma lógica feita expressamente, cada uma destas duas fórmulas é uma crítica.

---

140. É a conjunção italiana equivalente a "mas".
141. Hugo deve ter querido dizer *rifacimento,* palavra italiana que significa "restauração", "ação de fazer novamente".

Digamo-lo, pois, ousadamente[142]. Chegou o tempo disso, e seria estranho que nesta época, a liberdade, como a luz, penetrasse por toda a parte, exceto no que há de mais nativamente livre no mundo, nas coisas do pensamento. Destruamos as teorias, as poéticas e os sistemas. Derrubemos este velho gesso que mascara a fachada da arte! Não há regras nem modelos; ou antes, não há outras regras senão as leis gerais da natureza que plainam sobre toda a arte, e as leis especiais que, para cada composição, resultam das condições de existência próprias para cada assunto[143]. Umas são eternas, interiores, e permanecem; as outras, variáveis, exteriores, e não servem senão uma vez. As primeiras são o madeiramento que sustenta a casa; as segundas, os andaimes que servem para construí-la e que se refazem para cada edifício. Estas são enfim a ossatura, aquelas o vestuário do drama. Além disso, regras não se escrevem nas poéticas. Richelet não o imagina[144]. O gênio, que adivinha antes de aprender, extrai, para cada obra, as primeiras da ordem geral das coisas, as segundas do conjunto isolado do assunto que trata. Não à maneira do químico que acende seu fogareiro, sopra seu fogo, esquenta seu cadinho, analisa e destrói; mas à ma-

---

142. Hugo vai tratar do princípio da Liberdade na arte.
143. É o que dizia Molière, na *Crítica da Escola das Mulheres:* As regras "não são senão algumas observações fáceis, que o bom senso fez" e "o mesmo bom senso que fez outrora estas observações as faz facilmente todos os dias sem o socorro de Horácio e Aristóteles".
144. Richelet, autor francês (1631-1698), compôs *Versificação Francesa* e um *Dicionário Francês*.

neira da abelha, que voa com suas asas de ouro, pousa sobre cada flor, e tira o mel, sem que o cálice nada perca de seu brilho, a corola, nada de seu perfume.

O poeta, insistamos neste ponto, não deve, pois, pedir conselho senão à natureza, à verdade, e à inspiração, que é também uma verdade e uma natureza. Diz Lope de Vega:

Cuando he de escribir una comedia,
Encierro los preceptos con seis llaves[145].

Para encerrar os preceitos, com efeito, não são demais *seis chaves*. Que o poeta se guarde sobretudo de copiar quem quer que seja, Shakespeare como Molière, Schiller como Corneille. Se o verdadeiro talento pudesse abdicar a este ponto de sua própria natureza, e deixar assim de lado sua originalidade pessoal, para transformar-se em outro, tudo perderia ao representar este papel de Sósia[146]. É o deus que se faz valete. É preciso inspirar-se nas fontes primitivas. É a mesma seiva, espalhada pelo

---

145. Lope de Vega, dramaturgo espanhol (1562-1635), criador do teatro nacional popular da Espanha, compôs a *Arte Nova de Fazer Comédias* (1609), onde são encontrados estes versos: "Quando tenho de escrever uma comédia/Encerro os preceitos com seis chaves". (A citação espanhola de Hugo apresentava erros ortográficos, que transcrevemos corretamente).
146. Sósia, personagem da peça *Anfitrião*, de Plauto, e, depois, de Molière. Ao ver um outro "eu" — é o deus Mercúrio, que tomou sua aparência –, começa a duvidar da própria identidade.

solo, que produz todas as árvores da floresta, tão diversas quanto ao porte, aos frutos, e à folhagem. É a mesma natureza que fecunda e nutre os gênios mais diferentes. O verdadeiro poeta é uma árvore que pode ser açoitada por todos os ventos e irrigada por todos os orvalhos, que traz suas obras como seus frutos, da mesma forma que o *tabuleiro* trazia suas fábulas[147]. Para que se prender a um mestre? Enxertar-se com um modelo? Vale mais ainda ser o espinheiro ou cardo, alimentado com a mesma terra que o cedro e a palmeira, que ser o fungo ou o líquen destas grandes árvores. O espinheiro vive, o fungo vegeta. Aliás, por maiores que sejam, este cedro e esta palmeira, não é com o suco que deles se tira que se pode ficar grande. A parasita de um gigante será no máximo um anão. O carvalho, por mais colossal que seja, não pode produzir e alimentar senão o visco.

Que nós não nos enganemos. Se alguns de nossos poetas puderam ser grandes, embora imitadores, modelando-se na forma antiga, escutaram ainda freqüentemente a natureza e seu próprio gênio, foram eles mesmos por um lado. Seus ramos se agarravam à árvore vizinha, mas a raiz mergulhava no solo da arte. Eram a hera, e não o visco. Depois, vieram os imitadores subor-

---

147. Hugo escreve *fablier* e não *fabuliste,* partindo das afirmações de Mme. de Bouillon. Esta dizia que, da mesma forma que "a árvore que traz maçãs é chamada macieira" (*pommier*), La Fontaine era um *fablier* porque "suas fábulas nasciam espontaneamente no seu cérebro, e aí se encontravam feitas, sem meditação de sua parte, assim como as maçãs na macieira". Frases transcritas por Michel Cambien, *op. cit.,* p. 78.

dinadamente, que não tendo raiz na terra nem gênio na alma, tiveram de limitar-se à imitação. Como diz Charles Nodier, *depois da escola de Atenas, a escola de Alexandria*. Então a mediocridade caiu como um dilúvio; pululuram então estas poéticas, tão embaraçosas para o talento, tão cômodas para ela. Disseram que tudo estava feito, proibiram a Deus criar outros Molières, outros Corneilles. Colocaram a memória no lugar da imaginação. A questão mesma foi regulada soberanamente: há aforismos para isso. *"Imaginar"*, diz La Harpe com sua ingênua segurança, "não é no fundo senão *lembrar-se"*.

A natureza pois[148]! A natureza e a verdade. — E aqui, a fim de mostrar que, longe de demolir a arte, as idéias novas querem somente reconstruí-la mais sólida e melhor fundada, tentemos indicar qual é o limite intransponível que, em nossa opinião, separa a realidade segundo a arte da realidade segundo a natureza. Há irreflexão em confundi-las, como o fazem alguns partidários pouco avançados do *Romantismo*. A verdade da arte não poderia jamais ser, assim como vários disseram, a realidade *absoluta*[149]. A arte não pode apresentar a própria coisa. Suponhamos, com efeito, um destes promotores irrefletidos da natureza absoluta, da natureza vista fora da arte, na representação de uma peça romântica, do *Cid*, por exemplo: — Que é isso? dirá ele à primeira palavra. O Cid fala em versos! Não é *natural* falar

---

148. Hugo começa a tratar das Relações entre a arte e a natureza.
149. Mme. de Staël fala da "ilusão nas artes" (*Da Alemanha*, II, XV).

em versos[150], — Como quer então que ele fale? — Em prosa. — Seja. — Após um instante: — Como, retomará ele se for conseqüente, o Cid fala em francês! — E então? — A *natureza* quer que ele fale sua língua, ele não pode falar senão espanhol. — Não compreenderemos nada; mas seja ainda. — Crêem que isso é tudo? Não é; antes da décima frase castelhana, deve levantar-se e perguntar se este Cid que fala é o verdadeiro Cid, em carne e osso? Com que direito este ator, que se chama Pedro ou Tiago, toma o nome de Cid? Isto é *falso*. — Não há razão alguma para que não exija em seguida que se substitua essa rampa pelo sol, esses mentirosos bastidores por árvores *reais,* casas *reais*. Pois, uma vez nesta via, a lógica nos agarra pelo colarinho, não podemos mais deter-nos.

Deve-se, pois, reconhecer, sob pena de absurdo, que o domínio da arte e o da natureza são perfeitamente diferentes. A natureza e a arte são duas coisas, sem o que uma ou a outra não existiria. A arte, além de sua parte ideal, tem uma parte terrestre e positiva. Por mais que faça, está emoldurada entre a gramática e a prosódia, entre Vaugelas e Richelet. Tem, para suas mais caprichosas criações, formas, meios de execução, todo um material para pôr em movimento. Para o gênio, são instrumentos; para a mediocridade, ferramentas.

Outros, parece-nos, já o disseram: o drama é um espelho em que se reflete a natureza. Mas, se este espelho

---

150. Chapelain já pensava no "absurdo (de falar) em versos". Nota de Michel Cambien, *op. cit.,* p. 81.

é um espelho ordinário, uma superfície plana e unida, devolverá dos objetos apenas uma imagem apagada e sem relevo fiel, mas descolorida; sabe-se que a cor e a luz perdem à simples reflexão. É, pois, preciso que o drama seja um espelho de concentração que, longe de enfraquecê-los, reúna e condense os raios corantes, que faça de um vislumbre uma luz, de uma luz uma chama. Só então o drama é arte.

O teatro é um ponto de ótica. Tudo o que existe no mundo, na história, na vida, no homem, tudo deve e pode aí refletir-se, mas sob a varinha mágica da arte. A arte folheia os séculos, folheia a natureza, interroga as crônicas, aplica-se em reproduzir a realidade dos fatos, sobretudo a dos costumes e dos caracteres, bem menos legada à dúvida e à contradição que os fatos, restaura o que os analistas truncaram, harmoniza o que eles desemparelharam, adivinha suas omissões e as repara, preenche suas lacunas por imaginações que tenham a cor do tempo, agrupa o que deixaram esparso, restabelece o jogo dos fios da providência sob as marionetes humanas, reveste o todo com uma forma ao mesmo tempo poética e natural, e lhe dá esta vida de verdade e de graça que gera a ilusão, este prestígio de realidade que apaixona o espectador, e primeiro o poeta, pois o poeta é de boa fé. Assim, a finalidade da arte é quase divina: ressuscitar, se trata da história; criar, se trata da poesia.

É uma grande e bela coisa ver desdobrar-se com esta amplidão um drama em que a arte desenvolve poderosamente a natureza; um drama em que a ação caminha para a conclusão com um andar firme e fácil, sem difusão e sem estrangulamento; um drama enfim em que o poeta preencha plenamente a finalidade múltipla da arte, que é abrir ao espectador um duplo horizonte, iluminar ao mesmo tempo o interior e o exterior dos homens; o exterior, pelos discursos e ações; o interior, pelos apartes e monólogos; cruzar, em uma palavra, no mesmo quadro, o drama da vida e o drama da consciência.

Concebe-se que, para uma obra deste gênero, se o poeta deve *escolher* nas coisas (e ele o deve), não é o *belo,* mas o *característico*[151]. Não que convenha dar, como se diz hoje, *cor local*[152], isto é, acrescentar tarde demais alguns toques berrantes aqui e ali num conjunto aliás perfeitamente falso e convencional. A cor local não deve estar na superfície do drama, mas no fundo, no próprio coração da obra, de onde se espalha para fora dela própria, naturalmente, igualmente, e, por assim dizer, em todos os cantos do drama, como a seiva que sobe da raiz à última folha da árvore. O drama deve estar radicalmente impregnado desta cor dos tempos; ela deve, de alguma forma, estar no ar, de maneira que não se note senão ao entrar e ao sair que se mudou de século e de atmosfera. É preciso certo estudo, certo trabalho para aí chegar; tanto melhor. Está bem que as

---

151. Hugo vai tratar do Problema da cor local.
152. A expressão *cor local,* provinda da pintura, toma um sentido literário na época do romantismo, Berchet, num artigo de 1818, define-a como "uma modificação de imagens, de pensamentos, de sentimentos, de maneiras de dizer exclusivamente próprias de tal estado da natureza humana, e de tal momento da civilização que ao poeta agrada reproduzir". Transcrição de nota de Michel Cambien, *op. cit.,* p. 84.

avenidas da arte estejam obstruídas por espinheiros diante dos quais tudo recue, exceto as vontades fortes. Aliás, é este estudo, sustentado por uma ardente inspiração, que preservará o drama de um vício que o mata: o *comum*. O comum é o defeito dos poetas de curta visão e de curto fôlego. É preciso que nesta perspectiva do palco, toda figura seja reduzida a seu traço mais saliente, mais individual, mais preciso. O vulgar e o trivial mesmo devem ter um acento. Nada deve ser abandonado. Como Deus, o verdadeiro poeta está por toda parte presente, ao mesmo tempo, na sua obra. O gênio se assemelha à máquina de cunhar que imprime a efígie real tanto nas moedas de cobre como nos escudos de ouro.

Não hesitamos, e isto provaria ainda aos homens de boa fé quão pouco procuramos deformar a arte, não hesitamos em considerar o verso[153] como um dos meios mais próprios para preservar o drama do flagelo que acabamos de assinalar, como um dos diques mais poderosos contra a irrupção do *comum,* que assim como a democracia, corre transbordante nos espíritos. E aqui, que a jovem literatura já rica em tantos homens e tantas obras, nos permita indicar-lhe um erro em que parece que ela caiu, erro aliás demais justificado pelas inacreditáveis aberrações da velha escola. O novo século está nesta idade de crescimento em que se pode facilmente endireitar.

Formou-se, nos últimos tempos, como uma penúltima ramificação do velho tronco clássico, ou melhor,

---

153. Hugo vai tratar do Verso dramático.

como uma destas excrescências, um destes pólipos que a decrepitude desenvolve e que são bem mais um signo de decomposição que uma prova de vida. Formou-se uma singular escola de poesia dramática. Esta escola nos parece ter tido como mestre e como tronco o poeta que marca a transição do século XVIII ao século XIX, o homem da descrição e da perífrase, esse Delille[154] que, dizem, cerca do seu fim, vangloriava-se, à maneira das enumerações de Homero, de ter *feito* doze camelos, quatro cães, três cavalos, aí incluído o de Jó, seis tigres, dois gatos, um jogo de xadrez, um jogo de dados, um tabuleiro de jogo, um bilhar, vários invernos, muitos verões, muitas primaveras, cinqüenta pores-de-sol, e tantas auroras que ele se perdia a contá-las.

Ora, Delille passou para a história da tragédia. É o pai (ele, e não Racine, grande Deus!) de uma pretensa escola de elegância e bom gosto que floresceu recentemente. A tragédia não é para esta escola o que foi para o velho "Gilles" Shakespeare, por exemplo, uma fonte de emoções de toda natureza; mas uma cômoda moldura para a solução de um grande número de pequenos problemas descritivos que ela se propõe durante o percurso. Esta musa, longe de repelir, como a verdadeira escola clássica francesa, as trivialidades e as baixezas da vida, procura-se ao contrário e as reúne avidamente. O grotesco, evitado como se fora má companhia pela tragédia de Luís XIV, não pode passar tranqüilo em frente

---

154. Delille é poeta francês (1738-1813) muito admirado por seus contemporâneos.

desta. *Ele deve ser descrito!* isto é, *enobrecido*. Uma cena de corpo de guarda, uma revolta de populacho, o mercado de peixes, o presídio, a taberna, a *poule au pot* de Henrique IV, são para ela uma grande fortuna[155]. Apodera-se disso, lava essa canalha, e cose nessas vilanias suas lantejoulas e adornos: *purpureus assuitur pannus*. Sua finalidade parece ser a entrega de certificado de nobreza a toda esta plebe do drama. E cada um destes certificados da grande chancela é uma tirada[156].

Essa musa, imagina-se, é de uma rara hipocrisia. Acostumada como está às carícias da perífrase, a palavra própria, que a maltrataria algumas vezes, a horroriza. Não convém à sua dignidade falar naturalmente. *Sublinha* o velho Corneille por sua maneira de dizer cruamente:

... *Un tas d'hommes perdus de dettes* et de crimes[157].
... Chimène, *qui l'eût cru?* Rodrigue, *qui l'eût dit*[158]?
... Quand leur Flaminius *marchandait* Annibal[159].

---

155. Stendhal já notara: "O que há de anti-romântico é o Sr. Legouvé, na sua tragédia *Henrique IV*, não podendo reproduzir a mais bela expressão deste rei patriota: 'Gostaria que o mais pobre camponês de meu reino pudesse ter pelo menos a *poule au pot* (a galinha na panela) aos domingos'" (*Racine e Shakespeare*, Cap. III).
156. Stendhal também criticara a tirada.
157. *Cina*, V, I, v. 1493: "Um monte de homens perdidos de dívidas e de crimes".
158. *O Cid*, III, IV, v. 947: "Chimena, *quem o teria crido?* Rodrigo, *quem o teria dito?*"
159. *Nicomedes*, I, I, v. 22: "Pelo qual seu Flaminius *negociava* Annibal". Hugo modifica o começo do verso.

... Ah! ne me *brouillez* pas avec la république! Etc., etc[160].

Não pode suportar seu: "*Tout beau,* monsieur"[161]! E foram necessários muitos *seigneur!* e muitos *madame!* para poder perdoar nosso admirável Racine por seus *chiens*[162] tão monossilábicos, e este *Claude* tão brutalmente *mis dans le lit* de Agripina[163].

Esta *Melpómene,* como ela se chama, fremiria se tivesse de tocar numa crônica. Deixa ao empregado do guarda-roupa o cuidado de saber em que época se passam os dramas que ela inspira. A história, aos seus olhos, é de mau tom e de mau gosto. Como, por exemplo, tolerar reis e rainhas que blasfemam? É preciso elevá-los da dignidade real à dignidade trágica. Foi numa promoção deste tipo que ela enobreceu Henrique IV. Foi assim que o rei do povo, "limpo" pelo sr. Legouvé, viu seu *ventre-saint-gris* expulso vergonhosamente de sua boca por duas sentenças, e que foi reduzido, como a jovem do *fabliau,* a não mais deixar cair desta boca real senão pérolas, rubis e safiras[164]. O falso total, na verdade.

---

160. *Nicomedes,* II, III, v. 564: "Ah! não *indisponha* contra mim a república".
161. *Horácio,* III, VI, v. 1009: "Ó meus irmãos! – *Calma,* não os choreis todos".
162. *Atália,* II, V, v. 506: "Que *cães* devoradores se disputavam entre eles".
163. *Britânico,* IV, II, v. 1137: *"Pôs Cláudio no meu leito,* e Roma aos meus joelhos (pés)".
164. Legouvé, poeta francês (1764-1812), foi célebre por suas perífrases como fito de evitar expressões que lhe pareciam

Em suma, nada é tão *comum* quanto essa elegância e essa nobreza de convenção. Nada achado, nada imaginado, nada inventado neste estilo. Viram-se por toda a parte: retórica, empolação, lugares-comuns, *fleurs de collége,* poesia de versos latinos. Idéias não originais vestidas com imagens de pacotilha. Os poetas desta escola são elegantes como príncipes e princesas do teatro, sempre seguros de encontrarem nos compartimentos catalogados da loja mantos e coroas de ouro falso, que não têm senão a infelicidade de haverem servido a todos. Se estes poetas não folheiam a Bíblia, não é que não tenham também seu grosso livro: o *Dicionário das Rimas*. É esta sua fonte de poesia, *fontes aquarum*[165].

Compreende-se que, em tudo isto, a natureza e a verdade se transformam no que podem. Seria puro acaso se pudesse sobrenadar algum resto delas neste cataclismo de falsa arte, de falso estilo, de falsa poesia. Eis o que causou o erro de vários de nossos distintos reformadores. Chocados pela rigidez, pelo aparato, pelo *pomposo* desta pretensa poesia dramática, acreditaram que os elementos de nossa linguagem poética eram incompatíveis com o natural e o verdadeiro. O alexandrino os aborrecera tantas vezes, que o condenaram, de alguma forma, sem quererem ouvi-lo, e concluíram, talvez um pouco precipitadamente, que o drama devia ser escrito em prosa[166].

---

excessivamente francas e rudes. *Ventre-saint-gris* era uma blasfêmia familiar de Henrique IV.
165. Expressão bíblica: "as fontes das águas".
166. Hugo está em desacordo com Mme. de Staël (*Da Alemanha,* II, IX) e Stendhal (*Racine e Shakespeare*).

Enganavam-se. Se o falso reina, com efeito, no estilo como na marcha de certas tragédias francesas, não era aos versos que se devia deitar as culpas, mas aos versificadores. Era preciso condenar, não a forma empregada, mas os que haviam empregado esta forma; os operários, e não a ferramenta.

Para convencer-se dos poucos obstáculos que a natureza de nossa poesia opõe à livre expressão de tudo o que é verdadeiro, não é talvez em Racine que se deve estudar nosso verso, mas freqüentemente em Corneille, sempre em Molière. Racine, divino poeta, é elegíaco, lírico épico; Molière é dramático. É tempo de punir críticas amontoadas pelo mau gosto do último século contra esse estilo admirável, e dizer em alta voz que Molière ocupa o ponto culminante de nosso drama, não apenas como poeta, mas ainda como escritor[167]. *Palmas vere habet iste duas*[168].

Nele, o verso abraça a idéia, nela se incorpora estreitamente, cinge-a e a desenvolve ao mesmo tempo, confere-lhe uma figura mais esbelta, mais estrita, mais completa e no-la dá, de alguma forma, na sua essência mais pura. O verso é a forma ótica do pensamento. Eis porque convém sobretudo à perspectiva cênica. Composto de uma certa maneira, comunica seu relevo a coisas que, sem ele, passariam insignificantes e vulgares. Torna mais sólido e mais fino o tecido do estilo. É o nó que prende o fio. É o cinto que sustenta a roupa e lhe dá

---

167. Molière não foi, realmente, admirado no século XVIII.
168. "Ele tem realmente duas palmas".

todas as suas pregas. Que poderiam então perder a natureza e a verdade ao entrarem no verso? Perguntamos aos nossos "prosaístas" mesmos, o que elas perdem na poesia de Molière[169]? O vinho, permitam-nos mais uma trivialidade, deixa de ser vinho pelo fato de estar na garrafa?

Se tivéssemos o direito de dizer qual poderia ser, em nosso gosto, o estilo do drama, quereríamos um verso livre, franco, leal, que ousasse tudo dizer sem hipocrisia, tudo exprimir sem rebuscamento e passasse com um movimento natural da comédia à tragédia, do sublime ao grotesco; alternadamente postivo e poético, ao mesmo tempo artístico e inspirado, profundo e repentino, amplo e verdadeiro; que soubesse quebrar a propósito e deslocar a cesura para disfarçar sua monotonia de alexandrino; mais amigo do *enjambement* que o alonga que da inversão que o embaraça; fiel à rima, esta escrava rainha[170], esta graça suprema de nossa poesia, este gerador de nosso metro; inesgotável na variedade de seus giros, inapreensível nos seus segredos de elegância e de execução; a tomar como Proteu[171], mil formas sem mudar de tipo e de caráter, evitando a tirada; divertir-se no diálogo; ocultar-se sempre atrás da personagem; ocupar-se antes de mais nada com estar em seu lugar, e quando lhe acontecesse

---

169. Hugo emprega *prosaístes*, sem aspas, e não *prosateurs* (prosadores).
170. Alusão a Boileau, que diz: "A rima é uma escrava, e não deve senão obedecer" (*Arte poética*, I, v. 30).
171. Proteu, deus marinho, recebeu de Poseidão o poder de mudar de forma (*Odisséia*, IV).

ser *belo,* sê-lo apenas de alguma forma, por acaso, contra a vontade e sem sabê-lo; lírico, épico, dramático, segundo a necessidade; poder percorrer toda a gama poética, ir de alto a baixo, das idéias mais elevadas às mais vulgares, das mais bufas às mais graves, das exteriores às mais abstratas, sem jamais sair dos limites de uma cena falada; numa palavra, tal como faria o homem a quem uma fada tivesse dotado com a alma de Corneille e a cabeça de Molière. Parece-nos que este verso seria de fato *tão belo quanto a prosa*[172].

Não haveria nenhuma relação entre uma poesia deste gênero e aquela da qual há pouco fazíamos a autópsia cadavérica. O matiz que as separa será de fácil indicação, se um homem de espírito, a quem o autor deste livro deve um agradecimento pessoal, nos permite tomar-lhe emprestada essa maliciosa distinção: a outra poesia era descritiva, essa seria pitoresca.

Repetimo-lo sobretudo: o verso no teatro deve despojar-se de todo amor-próprio, de toda exigência, de toda faceirice. Não é senão uma forma, e uma forma que deve tudo admitir, que nada deve impor ao drama, e ao contrário deve dele tudo receber para tudo transmitir ao espectador: francês, latim, textos de leis, blasfêmias reais, locuções populares, comédia, tragédia, riso, lágrimas, prosa e poesia. Ai do poeta se seu verso se faz de rogado! Mas esta forma é uma forma de bronze que emoldura o pensamento em seu metro, sob a qual o drama é indestrutível, que o grava mais adiante no espí-

---

172. É a opinião dos filósofos do século XVIII.

rito do ator, adverte-o do que ele omite e do que ele acrescenta, impede-o de alterar seu papel, de substituir-se ao autor, torna sagrada cada palavra, e faz com que o que disse o poeta se encontre, por muito tempo depois, indelével ainda na memória do ouvinte. A idéia, dominante no verso, toma de repente algo de mais incisivo e de mais brilhante. É o ferro que se torna aço.

Sente-se que a prosa, necessariamente bem mais tímida, obrigada a privar o drama de toda poesia lírica ou épica, reduzida ao diálogo e ao positivo, está longe de ter estes recursos. Tem asas bem menos amplas. É, em seguida, de um muito mais fácil acesso; a mediocridade aí se encontra à vontade; e, por causa de algumas obras notáveis, como as que estes últimos tempos viram aparecer, a arte estaria depressa atravancada de abortos e embriões. Uma outra fração da reforma se inclinaria para o drama escrito ao mesmo tempo em prosa e em verso, como fez Shakespeare. Esta maneira tem suas vantagens. Poderia, no entanto, haver disparidade nas transições de uma forma a outra, e quando um tecido é homogêneo, é bem mais sólido. Além disso, que o drama esteja escrito em prosa, que esteja escrito em verso, que esteja escrito em verso e em prosa, isto não é senão uma questão secundária. A categoria de uma obra deve ser fixada não segundo sua forma, mas segundo seu valor intrínseco. Nas questões deste tipo, só há uma solução; só há um peso que pode fazer inclinar a balança da arte: é o gênio.

Além disso, prosador ou versificador, o primeiro, o indispensável mérito de um escritor dramático, é a correção. Não esta correção totalmente de superfície, qualidade ou defeito da escola descritiva, que faz de Lhomond[173] e de Restaut[174] as duas asas de seu Pégaso[175] mas esta correção íntima, profunda, meditada, que está impregnada do gênio de um idioma, que sondou suas raízes, escavou as etimologias; sempre livre, porque está segura da sua ação, e vai sempre de acordo com a lógica da língua. Nossa Senhora a gramática dirige a outra em tutela; esta conserva à corda a gramática[176]. Pode ousar, arriscar, criar, inventar seu estilo; ela tem o seu direito. Pois, se bem que certos homens tenham dito que não haviam pensado no que diziam, e entre os quais é preciso colocar especialmente o que escreve estas linhas, a língua francesa não está fixa e não se fixará[177]. Não se fixa uma língua. O espírito humano está sempre em marcha, ou, se se quiser, em movimento, e as línguas com ele. As coisas são assim. Quando o corpo muda, como não mudaria a roupa? O francês do século XIX não pode mais ser o francês do século XVIII; tanto quanto este não é o francês do século XVII, tanto quanto o francês do século XVII não é o do século XVI. A língua

---

173. Lhomond, latinista e gramático francês (1727-1794).
174. Restaut, gramático francês (1696-1764).
175. Pégaso, cavalo com asas da mitologia grega, simboliza aqui a inspiração poética.
176. É conveniente conhecer o que Hugo diz, no Prefácio de *Odes e Baladas:* "Está bem claro que a liberdade não deve jamais ser anarquia; que a originalidade não pode em caso algum servir de pretexto à incorreção. Numa obra literária, a execução deve ser tanto mais irrepreensível quanto mais ousada for a concepção".
177. Alusão a uma passagem do Prefácio de *Odes e Baladas*.

de Montaigne não é mais a de Rabelais, a língua de Pascal não é mais a de Montaigne, a língua de Montesquieu não é mais a de Pascal. Cada uma destas quatro línguas, tomada em si, é admirável, porque é original. Toda época tem suas idéias próprias; é preciso que tenha também as palavras próprias a estas idéias. As línguas são como o mar, oscilam sem parada. Num certo momento, deixam uma costa do mundo do pensamento e invadem uma outra. Tudo o que suas ondas assim abandonam seca e se apaga do solo. É desta maneira que idéias se extinguem, que palavras se vão. Sucede com idiomas humanos como com tudo. Cada século traz e leva alguma coisa. Que é que se pode fazer? Isto é fatal. Seria, pois, em vão querer petrificar a móvel fisionomia de nosso idioma sob uma forma dada. É em vão que nossos Josués[178] literários gritam à língua para que se detenha; as línguas nem o sol não mais se detêm. No dia em que se *fixarem,* é porque estão mortas. — É por isso que o francês de uma certa escola contemporânea é língua morta.

Tais são, aproximadamente, e menos os desenvolvimentos aprofundados que poderiam completar a sua evidência, as idéias *atuais* do autor deste livro sobre o drama. Está longe além disso de ter a pretensão de apresentar seu ensaio dramático como uma emanação destas idéias, que, bem ao contrário, não são talvez elas mesmas, para falar naturalmente, senão revelações da exe-

---

178. Josué, sucessor de Moisés, fez parar o curso do sol, a fim de prolongar o dia e conseguir a vitória durante uma batalha.

cução. Ser-lhe-ia muito cômodo, sem dúvida, e mais hábil, assentar seu livro no prefácio e defendê-los, um pelo outro. Ele prefere menos habilidade e mais franqueza. Quer, pois, ser o primeiro a mostrar a fragilidade do nó que liga este prefácio a este drama. Seu primeiro projeto, bem determinado de início, por preguiça, era apresentar a obra sozinha ao público; *el demonio sin las cuernas*[179], como dizia Yriarte. Foi depois de tê-la devidamente fechado e concluído, que, por solicitação de alguns amigos provavelmente muitos cegos, decidiu dar-se importância a si mesmo num prefácio, traçar, por assim dizer, o mapa da viagem poética que acabava de fazer, explicar-se as aquisições boas ou más que dela trazia, e os novos aspectos sob os quais o domínio da arte se lhe havia oferecido ao espírito. Tirar-se-á, sem dúvida, vantagem desta confissão para repetir a censura que um crítico da Alemanha lhe dirigiu[180], de fazer "uma poética para a sua poesia". Que importa? Ele teve, de início, antes a intenção de desfazer do que de fazer poéticas. Em seguida, não valeria mais fazer poéticas segundo uma poesia, do que poesia segundo uma poética? Mas não, ainda uma vez, ele não tem o talento para criar, nem a pretensão de estabelecer sistemas. "Os sistemas", diz espirituosamente Voltaire, "são como ratos que

---

179. "O diabo sem os cornos". Hugo emprega "cuernas" não "cuernos", assim como escreve Yriarte e não o correto Iriarte.
180. J. P. Richter dissera de sua *Introdução à Estética* (1804) que ela não era "um discurso de carpinteiro pronunciado do alto de uma construção acabada". Transcrição de nota de Michel Cambien, *op. cit.*, p. 95.

passam por vinte buracos, e encontram enfim dois ou três que não podem admiti-los"[181]. Teria sido pois dar-se a um trabalho inútil e acima de suas forças. O que advogou, ao contrário, foi a liberdade da arte contra o despotismo dos sistemas, dos códigos e das regras. Tem por hábito seguir ao acaso o que toma para sua inspiração, mudar de molde tantas vezes quanto de composição. Do dogmatismo, nas artes, é do que foge antes de tudo. Não queira Deus que ele aspire a ser destes homens, românticos ou clássicos, que compõem *obras em seu sistema,* que se condenam a não terem jamais senão uma forma no espírito, a sempre *provarem* alguma coisa, a seguirem outras leis e não as de sua organização e de sua natureza. A obra artificial desses homens, por mais talento que tenham aliás, não existe para a arte. É uma teoria, não uma poesia.

Após ter, em tudo o que precede, tentado indica qual foi, segundo nós, a origem do drama, qual é seu caráter, qual poderia ser seu estilo, eis o momento de descermos destes cumes gerais da arte ao caso particular que lá nos fez subir[182]. Resta-nos falar ao leitor sobre nossa obra, sobre este *Cromwell;* e como não é um assunto que nos agrade, diremos pouca coisa em poucas palavras.

Olivier Cromwell é do número destas personagens da história que são ao mesmo tempo muito célebres e muito pouco conhecidas. A maior parte de seus biógrafos, e no número estão os que são historiadores, deixou

---

181. A frase de Voltaire está algo modificada.
182. Hugo vai tratar agora de sua peça *Cromwell.*

incompleta esta grande figura. Parece que não ousaram reunir todos os traços deste bizarro e colossal protótipo da reforma religiosa, da revolução política da Inglaterra. Quase todos se limitaram a reproduzir em dimensões mais extensas o simples e sinistro perfil que Bossuet traçou, desde seu ponto de vista monárquico e católico, de seu púlpito de bispo apoiado no trono de Luís XIV[183].

Como todos, o autor deste livro a isto se atinha. O nome de Olivier Cromwell lhe despertava somente a idéia sumária de um fanático regicida, grande capitão. Foi bisbilhotando na crônica, o que fez com amor, foi escavando ao acaso nas memórias inglesas do século XVII, que ele se surpreendeu de ver desenrolar-se pouco a pouco diante de seus olhos um Cromwell completamente novo. Não era mais somente o Cromwell militar, o Cromwell político de Bossuet; era um ser complexo, heterogêneo, múltiplo, composto de todos os contrários, mescla de muito mal e de muito bem, cheio de gênio e de mesquinhez; uma espécie de Tibério-Dandin[184], tirano da Europa e joguete de sua família; velho regicida, a humilhar os embaixadores de todos os reis, torturado por sua jovem filha realista; austero e sombrio em seus costumes e mantendo quatro bobos da corte ao seu redor; autor de maus versos; sóbrio, simples, frugal, e guindado na etiqueta; soldado grosseiro e político penetrante; experimentado nas argúcias teológicas, nelas se

---

183. Bossuet, no *Discurso Fúnebre de Henriqueta da França*.
184. Tibério, imperador romano (14-37), cuja crueldade e vida irregular são notórias. Dandin é o juiz patife e ridículo da peça *Os Litigantes*, de Racine.

comprazia; orador pesado, difuso, obscuro, mas hábil em falar a língua de todos os que queria seduzir; hipócrita e fanático; visionário dominado por fantasmas de sua infância, cria nos astrólogos e proscrevia-os; desconfiado em excesso, sempre ameaçador, raramente sanguinário; rígido observador das prescrições puritanas, a perder gravemente várias horas por dia em chocarrices; brusco e desdenhoso com seus familiares, carinhoso com os sectários que temia; enganava sem remorsos com sutilezas, usava de astúcia para com sua consciência; inesgotável em habilidade, em armadilhas, em recursos; dominava sua imaginação por sua inteligência; grotesco e sublime; enfim, um destes homens *quadrados pela base*[185] como os chamava Napoleão, o tipo e o chefe de todos estes homens completos, em sua língua exata como a álgebra, colorida como a poesia.

O que escreve isto, em presença deste raro e surpreendente conjunto, sentiu que o perfil apaixonado de Bossuet não mais lhe bastava. Pôs-se a rodar em torno desta alta figura, e foi então tomado por uma ardente tentação de pintar o gigante sob todas as suas faces, sob todos os seus aspectos. A matéria era rica. Ao lado do homem de guerra e do homem de Estado, restava esboçar o teólogo, o pedante, o mau poeta, o visionário, o bufão, o pai, o marido, o homem-Proteu, em uma palavra, o Cromwell duplo, *homo et vir*[186].

---

185. Consta no *Memorial de Santa Helena*.
186. "Homo" designa o ser humano, em geral; a humanidade. "Vir" designa o homem, com as características que o distinguem da mulher.

Há sobretudo uma época em sua vida em que este caráter singular se desenvolve sob todas as suas formas. Não é, como se creria ao primeiro olhar, a do processo de Carlos I, por mais sombria e terrivelmente interessante que ela seja; é o momento em que o ambicioso tentou colher o fruto desta morte. É o instante em que Cromwell, tendo chegado ao que seria para qualquer outro o píncaro de uma fortuna possível, senhor da Inglaterra cujas mil facções se calam sob seus pés, senhor da Escócia que ele torna um paxalato, e da Irlanda, que ele torna um presídio, senhor da Europa por suas frotas, por seus exércitos, por sua diplomacia, tenta enfim realizar o primeiro sonho de sua infância, o último objetivo de sua vida, o de fazer-se rei. A história nunca ocultou mais alta lição sob um drama mais alto. O Protetor se faz de início rogar; a augusta farsa começa por solicitações de comunidades, solicitações de cidades, solicitações de condados; depois é um projeto de lei do parlamento. Cromwell, autor anônimo da peça, quer parecer descontente; é visto a estender a mão para o cetro e retirá-la; aproxima-se com passos oblíquos deste trono do qual ele varreu a dinastia. Enfim, decide bruscamente; por ordem sua, Westminster é embandeirada, levanta-se o estrado, encomenda-se a coroa ao ourives, marca-se o dia da cerimônia. Estranho desenlace! É neste mesmo dia, diante do povo, da milícia, das comunas, nesta grande sala de Westminster, sobre este estrado do qual contava descer rei, que, subitamente, como num sobressalto, parece despertar ao aspecto da coroa, pergunta se sonha, o que quer dizer esta cerimônia, e num discurso que dura três horas recusa a dignidade real. — Seria por que seus espiões o tinham advertido de duas conspirações associadas dos cavaleiros e dos puritanos, que deviam, aproveitando o seu erro, estourar no mesmo dia? Seria revolução nele produzida pelo silêncio ou pelos murmúrios deste povo, desconcertado ao ver seu regicida finalizar no trono? Seria somente sagacidade do gênio, instinto de uma ambição prudente, ainda que desenfreada, que sabe quanto um passo a mais muda freqüentemente a posição e a atitude de um homem, e que não ousa expor seu edifício plebeu ao vento da impopularidade? Seria tudo isso ao mesmo tempo? É o que nenhum documento contemporâneo esclarece de maneira soberana. Tanto melhor; a liberdade do poeta é mais completa, e o drama ganha com estas latitudes que lhe deixa a história. Vê-se aqui que ele é imenso e único; é bem a hora decisiva, a grande peripécia da vida de Cromwell. É o momento em que sua quimera lhe escapa, em que o presente lhe mata o futuro, em que, para empregar uma vulgaridade enérgica, seu destino *falha*. O Cromwell inteiro está em jogo nesta comédia que se representa entre a Inglaterra e ele.

Eis, pois, o homem; eis a época que se tentou esboçar neste livro.

O autor deixou-se arrastar no prazer infantil de fazer mover as teclas deste grande cravo. Certamente, mais hábeis teriam podido dele tirar uma alta e profunda harmonia, não destas harmonias que afagam somente os ouvidos, mas destas harmonias íntimas que comovem todo o homem, como se cada corda do cravo se atasse a uma fibra do coração. Cedeu, ele, ao desejo de pintar todos estes fanatismos, todas estas superstições, doenças das religiões em certas épocas; à vontade de tocar *estes homens,* como diz Hamlet[187]; de dispor abaixo e ao redor de Cromwell, centro e eixo desta corte, deste povo, deste mundo, associando tudo em sua unidade e imprimindo a tudo seu impulso: e esta dupla conspiração tramada por duas facções que se detestam, se coligam para derrubar o homem que os aborrece, mas se unem sem se misturar; e este partido puritano, fanático, diverso, sombrio, desinteressado, tomando como chefe o homem menor para um tão grande papel, o egoísta e pusilânime Lambert[188]; e este partido dos cavaleiros, estouvado, alegre, pouco escrupuloso, descuidado, devotado, dirigido pelo homem que, afora o devotamento, o representa menos, o probo e severo Ormond[189]; e estes embaixadores, tão humildes em face do soldado improvisado; e esta estranha corte com a mistura de homens aventureiros e de grandes senhores rivalizando em baixeza; e estes quatro bufões que o desdenhoso esquecimento da história permitia imaginar; e esta família da qual cada membro é uma chaga de Cromwell; e este Thurloë[190], o *Acates*[191] do Protetor; e este rabino judeu, este Israel Ben-Manassé[192], espião, usurário e astrólogo, vil por dois lados, sublime

---

187. Provável alusão a *Hamlet* (III, II).
188. Lambert, general inglês ambicioso (1619-1683).
189. Ormond, conjurado do partido do rei, na peça de Hugo.
190. Thurloë, secretário de Estado que, por medo dos republicanos, apoiou Cromwell (1616-1668).
191. Acates, amigo fiel de Enéas (*Eneida*).
192. Ben-Manassé rabino, na peça de Hugo. Na realidade, trata-se de Manassés-ben-Israel.

por um terceiro; e este Rochester[193], este estranho Rochester, ridículo e espirituoso, elegante e crapuloso, blasfemando sem parada, sempre apaixonado e sempre ébrio, assim como se vangloriava ao bispo Burnet[194], mau poeta e bom fidalgo, viciado e ingênuo, que jogava sua cabeça sem preocupar-se com ganhar a partida, desde que ela o divertisse, capaz de tudo, em uma palavra, de astúcia e de leviandade, de loucura e de cálculo, de torpeza e de generosidade; e este selvagem Carr[195], cuja história não desenha senão um traço, mas bem característico e bem fecundo; e estes fanáticos de toda ordem e de todo tipo, Harrison, fanático ladrão; Barebone, comerciante fanático; Syndercomb, matador; Augustin Garland, assassino lacrimejante e devoto; o bravo coronel Overton, letrado um pouco declamador; o austero e rígido Ludlow, que foi mais tarde deixar suas cinzas e seu epitáfio em Lausanne; enfim, "Milton e alguns outros que tinham espírito", como diz um panfleto de 1675 (*Cromwell* político), que nos lembra o *Dantem quendam* da crônica italiana[196].

Não indicamos muitas personagens mais secundárias, das quais cada uma tem, no entanto, sua vida real e sua individualidade marcada, e que todas contribuíam para a sedução que esta vasta cena da história exercia sobre a imaginação do autor. Desta cena ele fez este drama. Lançou-o em versos, porque isto assim lhe agra-

---

193. Rochester, grande senhor e poeta mundano (1647-1680).
194. Burnet, prelado e historiador inglês (1643-1715).
195. Carr e os nomes que se seguem são de conjurados puritanos, na peça de Hugo.
196. "Um certo Dante". Mas a crônica não foi identificada.

dou. Além do mais, ver-se-á pela leitura como ele pensava pouco em sua obra, ao escrever este prefácio, com que desinteresse, por exemplo, combatia o dogma das unidades. Seu drama não sai de Londres, começa no dia 25 de junho de 1657, às três horas da manhã e acaba no dia 26, ao meio-dia. Vê-se que entraria quase na prescrição clássica, tal como os professores de poesia a redigem agora. Que eles não lhe mostrem aliás nenhuma gratidão. Não é com a permissão de Aristóteles, mas com a da história, que o autor assim organizou seu drama; e porque, com igual interesse, prefere um assunto concentrado a um assunto disperso.

É evidente que este drama, nas suas atuais proporções, não poderia enquadrar-se nas nossas representações cênicas[197]. É longo demais. Reconhecer-se-á talvez, no entanto, que ele foi em todas as suas partes composto para o palco. Foi ao aproximar-se de seu assunto para estudá-lo que o autor reconheceu ou acreditou reconhecer a impossibilidade de fazer admitir sua reprodução fiel em nosso teatro, no estado de exceção em que está colocado, entre o Caribde acadêmico e o Scila administrativo, entre os júris literários e a censura política. Era preciso optar: ou a tragédia insinuante, dissimulada, falsa, e representada, ou o drama insolentemente verdadeiro, e banido[198]. A primeira coisa não valia a pena ser feita; preferiu tentar a segunda. É por isso que, desesperando por não ser jamais encenado,

---

197. Hugo vai tratar agora do Problema da representação.
198. *Marion de Lorme* e outras peças de Hugo foram proibidas.

ele se entregou livre e dócil às fantasias da composição, ao prazer de desenrolá-la em mais amplas dobras, aos desenvolvimentos que seu assunto comportava, e que, se acabarem por distanciar seu drama do teatro, têm pelo menos a vantagem de torná-lo quase completo sob o aspecto histórico. Além disso, os comitês de leitura são apenas um obstáculo de segunda ordem. Se acontecesse que a censura dramática, compreendendo quanto está inocente, exata e conscienciosa imagem de Cromwell e de seu tempo está tomada fora de nossa época, lhe permitisse o acesso do teatro, o autor, mas somente neste caso, poderia extrair deste drama uma peça que então se arriscaria no palco, e seria vaiada[199].

Até lá, continuará a manter-se afastado do teatro. E deixará sempre bastante cedo, pelas agitações deste mundo novo, seu caro e casto retiro. Queira Deus que ele jamais se arrependa de ter exposto a virgem obscuridade de seu nome e de sua pessoa aos escolhos, às borrascas, às tempestades da platéia, e sobretudo (pois que importa uma queda?) aos miseráveis aborrecimentos dos bastidores; de ter entrado nesta atmosfera variável, brumosa, tempestuosa, em que dogmatiza a ignorância, em que vaia a inveja, em que rastejam as cabalas, em que a probidade do talento foi tão freqüentemente desconhecida, em que a nobre candura do gênio é algumas vezes tão inoportuna, em que a mediocridade triunfa em rebaixar a seu nível as superioridades que a ofuscam, em que se

---

199. Em 1956, houve uma representação de *Cromwell*, no Louvre, numa adaptação de René Bianco e Richard Heinz.

encontram tantos homenzinhos para um grande, tantas nulidades para um Talma[200], tantos mirmídones para um Aquiles[201]! Este esboço parecerá talvez tristonho e pouco lisonjeiro; mas não acaba de marcar a diferença que separa nosso teatro, lugar de intrigas e tumultos, da solene serenidade do teatro antigo?

Qualquer que seja o fato que advenha, crê dever advertir antecipadamente o pequeno número de pessoas que poderiam ser tentadas por um semelhante espetáculo, de que uma peça extraída de *Cromwell* não ocuparia menos do tempo de uma representação. É difícil que um teatro *romântico* se estabeleça de outra maneira. Certamente, se se quiser um teatro diferente destas tragédias nas quais uma ou duas personagens, tipos abstratos de uma idéia puramente metafísica, passeiam solenemente num fundo sem profundidade, apenas ocupado por algumas cabeças de confidentes, pálidos "contra-decalques" dos heróis, encarregados de preencher os vazios de uma ação simples, uniforme e monocórdica; se se entendiar com isto, não é demais um sarau inteiro para expor um pouco amplamente todo um homem de escol, toda uma época de crise[202]; um com seu caráter, seu gênio que se junta a seu caráter, suas crenças que dominam a ambos, suas paixões que vêem desordenar suas crenças, seu caráter e seu gênio,

---

200. Talma, grande ator trágico francês (1763-1826), teria encorajado Hugo a terminar *Cromwell*.
201. Nas lendas antigas, Aquiles é o rei dos mirmídones.
202. A representação de uma peça de Lemercier durara cerca de três horas e meia.

seus gostos que marcam suas paixões, seus hábitos que disciplinam seus gostos, amordaçam suas paixões, e este numeroso cortejo de homens de todos os tipos que estes diversos agentes fazem rodopiarem ao redor dele; a outra, com seus costumes, suas leis, suas modas, seu espírito, suas luzes, suas superstições, seus acontecimentos, e seu povo que todas estas causas primeiras amassam alternadamente como uma cera mole. Concebe-se que um semelhante quadro será gigantesco. Em lugar de uma individualidade, como aquela com a qual o drama abstrato da velha escola se contenta, ter-se-á vinte, quarenta, cinqüenta, — que sei eu? — de todos os relevos e de todas as proporções. Haverá uma multidão no drama. Não seria mesquinho medir-lhe duas horas de duração para dar o resto da representação à ópera-cômica ou à farsa? Encolher Shakespeare por causa de Bobèche[203]? — E que não se pense, se a ação está bem governada, que da multidão de figuras que ela põe em jogo pode provir cansaço para o espectador ou ofuscamento no drama. Shakespeare, abundante em pormenores, é ao mesmo tempo, e por causa disso mesmo, imponente por um grande conjunto. É o carvalho que lança uma imensa sombra com milhares de folhas exíguas e recortadas.

Esperemos que não tarde a França a habituar-se a saraus reservados a uma única peça. Há na Inglaterra e na Alemanha dramas que duram seis horas. Os gregos, dos quais tanto nos falam, os gregos, e à maneira de

---

203. Bobèche, célebre palhaço francês.

Scudéry invocamos aqui o clássico Dacier[204], capítulo VII de sua *Poética,* os gregos às vezes faziam representar até doze ou dezesseis peças por dia[205]. Entre um povo amigo de espetáculos, a atenção é mais *viva* do que se crê. *O Casamento de Fígaro,* este nó da grande trilogia de Beaumarchais, ocupa todo o sarau, e a quem alguma vez ele aborreceu ou cansou? Beaumarchais era digno de arriscar o primeiro passo para este objetivo da arte moderna, na qual é impossível fazer, com duas horas, germinar este profundo, este invencível interesse que nasce de uma ação vasta, verdadeira e multiforme. Mas, dizem, este espetáculo, composto de uma única peça, seria monótono e pareceria longo. Erro! Perderia, ao contrário, sua extensão e sua monotonia atuais. Com efeito, que se faz agora? Dividem-se os prazeres do espectador em duas partes bem nítidas. Dá-se-lhe de início duas horas de prazer sério, depois uma hora de prazer galhofeiro; com a hora dos intervalos que não contamos no prazer, em tudo quatro horas. O que faria o drama romântico? Trituraria e misturaria artisticamente juntas estas duas espécies de prazer. A cada instante faria o auditório passar da seriedade ao riso, das excitações cômicas às emoções dilacerantes, *do grave ao doce, do divertido ao severo*[206]. Porque, como já estabelece-

---

204. Dacier, filólogo francês (1651-1722), é o tradutor da *Poética* de Aristóteles, além de outras obras.
205. Esta afirmação foi contestada por muitos.
206. Alusão a Boileau: "Feliz quem, em seus versos, sabe com uma voz leve,/Passar do grave ao doce, do divertido ao severo" (*Arte Poética,* I, v. 75-6).

mos, o drama, é o grotesco com o sublime, a alma sob o corpo, é uma tragédia sob uma comédia. Não se percebe que, descansando assim de uma impressão por meio de outra, afiando alternadamente o trágico no cômico, o alegre no terrível, assimilando mesmo, se necessário, as fascinações da ópera, estas representações, ainda que não oferecendo senão uma peça, valeriam bem outras mais? A cena romântica faria uma iguaria picante, variada, saborosa, do que no teatro clássico é remédio dividido em duas drágeas.

Eis como o autor deste livro logo esgotou o que tinha a dizer ao leitor[207]. Ignora como a crítica acolherá este drama, e estas idéias sumárias, desguarnecidas de seus corolários, empobrecidas de suas ramificações, apanhadas de corrida e na pressa de acabar. Elas aparecerão sem dúvida aos "discípulos de La Harpe" bem descaradas e bem estranhas. Mas se, porventura, por mais nuas e diminutas que sejam, pudessem contribuir para colocar no caminho da verdade este público cuja educação está já tão adiantada, e que tantos notáveis escritos, de crítica ou de prática, livros ou jornais, já amadureceram para a arte, que ele siga o impulso sem preocupar-se se este lhe vem de um homem ignorado, de uma voz sem autoridade, de uma obra de pouco valor. É um sino de cobre que chama as populações para o verdadeiro templo e para o verdadeiro Deus.

Há hoje o antigo regime literário como o antigo regime político. O último século pesa ainda quase inteira-

---

207. Hugo vai referir-se agora à Nova crítica.

mente sobre o novo. Oprime-o particularmente na crítica. Os senhores encontram por exemplo, homens vivos que lhes repetem esta definição do gosto emitida por Voltaire: "O gosto não é outra coisa para a poesia senão o que é para os atavios das mulheres"[208]. Assim, o gosto é a garridice. Palavras notáveis que descrevem maravilhosamente esta poesia pintada, mosqueada, empoada do século XVIII, esta literatura de anquinhas, de pompons e de falbalás. Oferecem admirável resumo de uma época com a qual os mais altos gênios não puderam estar em contato sem se tornarem pequenos, pelo menos por um lado, de um tempo em que Montesquieu pôde e teve de fazer *O Templo de Gnide,* Voltaire *O Templo do Gosto,* Jean-Jacques *O Adivinho da Aldeia.*

O gosto, é a razão do gênio. Eis o que estabelecerá logo uma outra crítica, uma crítica forte, franca, erudita, uma crítica do século que começa a lançar rebentos vigorosos sob os velhos ramos ressequidos da antiga escola. Esta jovem crítica, tão grave quanto a outra é frívola, tão erudita quanto a outra é ignorante, já criou órgãos que são ouvidos, e fica-se surpreendido algumas vezes ao encontrar nas folhas mais leves excelentes artigos dela emanados[209]. É ela que, unindo-se a tudo o que há de superior e de corajoso nas letras, livrar-nos-á de dois flagelos: o *classicismo* caduco, e o falso *romantismo,* que ousa despontar aos pés do verdadeiro. Porque o gênio moderno já

---

208. Pretensa citação de Voltaire.
209. Alusão aos jornais que traziam artigos da jovem crítica romântica.

tem sua sombra, sua contraprova, sua parasita, seu *clássico,* que se pinta por ele, enverniza-se com suas cores, toma sua libré, apanha suas migalhas, e semelhante ao *aluno do feiticeiro*[210], põe em jogo, com palavras retidas pela memória, elementos de ação dos quais ele não tem o segredo. Portanto faz bobagens que seu mestre várias vezes tem muita dificuldade para reparar. Mas o que é preciso destruir antes de mais nada, é o velho falso gosto. É preciso desenferrujar a literatura atual. É em vão que ele a corrói e a embaça. Fala a uma geração jovem, severa, poderosa, que não o compreende. A cauda do século XVIII arrasta ainda no século XIX; mas não somos nós, jovens que vimos Bonaparte, que a seguraremos.

Estamos, pois, próximos do momento de ver prevalecer a nova crítica, assentada, também ela, sobre uma base ampla, sólida e profunda. Compreender-se-á logo, de maneira geral, que os escritores devem ser julgados, não segundo as regras e os gêneros, coisas que estão fora da natureza e fora da arte, mas segundo os princípios imutáveis desta arte e as leis especiais de sua organização pessoal. A razão de todos terá vergonha desta crítica que espancou violentamente Pierre Corneille, amordaçou Jean Racine, e que não reabilitou risivelmente John Milton senão em virtude do código épico do pai Le Bossu[211]. Consentir-se-á, para compreender uma obra, em tomar o ponto de vista do autor, em olhar o assunto com seus

---

210. Goethe compusera uma balada: "O aprendiz de feiticeiro".
211. R. P. Le Bossu, canônico regular (1631-1680), é autor de um *Tratado do Poema Épico.*

olhos. Abandonar-se-á, e é o Sr. de Chateaubriand que aqui fala, *a crítica mesquinha dos defeitos pela grande e fecunda crítica das belezas*[212]. É tempo de que todos os bons espíritos apanhem o fio que liga freqüentemente o que, segundo nosso capricho particular, chamamos *defeito* ao que chamamos *beleza*. Os defeitos, pelo menos o que assim nomeamos, são freqüentemente a condição nativa, necessária, fatal, das qualidades.

Scit genius, natale comes qui temperat astrum[213].

Onde se viu medalha que não tenha seu reverso? talento que não traga sombra com sua luz, fumaça com sua chama? Tal mancha pode ser apenas a conseqüência indivisível de tal beleza. Este toque discordante, que me choca de perto, completa o efeito e dá relevo ao conjunto. Apaguem um, apagam o outro. A originalidade se compõe de tudo isso. O gênio é necessariamente desigual. Não há altas montanhas sem profundos precipícios. Encham o vale com o monte, não terão mais senão uma estepe, uma landa, a planície dos Sablons em lugar dos Alpes, cotovias e não águias.

É também preciso ter em conta o tempo, o clima, as influências locais. A Bíblia, Homero, rios atingem algumas vezes por suas próprias sublimidades. Quem aí quereria cortar uma palavra? Nossa fraqueza se assusta freqüentemente com as ousadias inspiradas do gênio,

---

212. Chateaubriand, a respeito dos *Anais Literários* de Dussault.
213. "O gênio a conhece, companheiro que modera a influência de seu astro natal" (Horácio, *Epístolas,* II, II, 187). Trata-se aqui da causa das diferenças de caracteres.

por falta de poder abater-se sobre os objetos com uma tão vasta inteligência. E depois, ainda uma vez, há destas *faltas* que não se instalam senão nas obras-primas; não é dado senão a certos gênios o direito de ter certos defeitos. Censura-se em Shakespeare o abuso da metafísica, o abuso do espírito, das cenas parasitas, das obscenidades, o emprego dos trastes mitológicos de moda no seu tempo, da extravagância, da obscuridade, do mau gosto, da ênfase, das asperezas do estilo. O carvalho, essa árvore gigante que comparávamos há pouco com Shakespeare e que com ele tem mais de uma analogia, o carvalho tem o porte bizarro, os ramos nodosos, a folhagem sombria, a casca áspera e dura; mas é o carvalho.

E é por causa disso que ele é o carvalho. Se querem um tronco liso, ramos direitos, folhas de cetim, dirijam-se à pálida bétula, ao sabugueiro oco, ao salgueiro chorão; mas deixem em paz o grande carvalho. Não apedrejem quem lhes dá sombra.

O autor deste livro conhece tanto quanto ninguém os numerosos e grosseiros defeitos de suas obras. Se lhe acontece muito raramente corrigi-las, é que sente repugnância por voltar tarde demais para uma coisa já terminada. Ignora esta arte de soldar uma beleza no lugar de uma mancha, e nunca pôde chamar novamente a inspiração para uma obra que já esfriou. Que fez ele aliás que valha esta pena? O trabalho que perderia para apagar as imperfeições de seus livros, prefere empregá-lo para despojar seu espírito de defeitos. É seu método não corrigir uma obra senão numa outra obra.

Além disso, de qualquer maneira que seja tratado seu livro, toma aqui o compromisso de não defendê-lo no todo nem em partes. Se seu drama é mau, para que serve sustentá-lo? Se é bom, por que defendê-lo? O tempo refutará o valor do livro, ou reconhecê-lo-á. O êxito do momento não concerne senão ao livreiro. Portanto, se a publicação deste ensaio despertar a cólera da crítica, ele não intervirá. Que lhe responderia? Não é dos que falam, assim como diz o poeta castelhano, *pela boca de sua ferida*.

> Por la boca de su herida...[214]

Uma última palavra. Pôde-se notar que nesta corrida um pouco longa através de tantas questões diversas, o autor geralmente absteve-se de apoiar sua opinião pessoal em textos, citações, autoridades. Não é, no entanto, que elas lhe tivessem faltado.

> Se o poeta cria algo impossível segundo as regras de sua arte, comete incontestavelmente uma falta; mas ela deixa de ser falta, quando por este meio chega ao fim a que se propôs; porque achou o que procurava[215].

> Eles tomam por aranzel tudo o que a fraqueza de suas luzes não lhes permite compreender. Tratam sobretudo de ridículos estes lugares maravilhosos em que o poeta, a fim de melhor entrar na razão, sai, se é preciso falar assim, da própria razão. Este preceito, realmente, que dá como regra o não obedecer a regras algumas vezes, é um mistério da arte que não é fácil conseguir que o ouçam homens sem nenhum gosto [...] e que uma espécie

---

214. Guillén de Castro, nas *Mocidades do Cid.*, II, I.
215. Aristóteles, *Poética*, XXV.

de excentricidade de espírito torna insensíveis ao que impressiona geralmente os homens[216].

— Quem diz aquilo? É Aristóteles. Quem diz isto? É Boileau. Vê-se por esta única amostra que o autor deste drama poderia como um outro revestir-se de uma couraça de nomes próprios e refugiar-se atrás das reputações. Mas quis deixar este modo de argumentação aos que o crêem invencível, universal e soberano. Quanto a ele, prefere razões a autoridades; sempre gostou mais das armas que dos brasões.

Outubro de 1827

---

216. Boileau, no *Discurso Sobre a Ode*. Mas ele se referia apenas a Perrault.

COLEÇÃO ELOS
(Últimos Lançamentos)

51. *Quatro Leituras Talmúdicas*, Emmanuel Levinas.
52. *Yossel Rakover Dirige-se a Deus*, Zvi Kolitz.
53. *Sobre a Construção do Sentido*, Ricardo Timm de Souza.
54. *Circularidade da Ilusão*, Affonso Ávila.
55. *A Paz Perpétua*, J. Guinsburg (org).
56. *A "Batedora" de Lacan*, Maria Pierrakos.
57. *Quem Foi Janusz Korczak?*, Joseph Arnon.
58. *O Segredo Guardado: Maimônides – Averróis*, Ili Gorlizki.
59. *Vincent Van Gogh*, Jorge Coli.
60. *Brasileza*, Patrick Corneau.
61. *Nefelomancias: Ensaios sobre as Artes dos Romantismos*, Ricardo Marques de Azevedo.
62. *Os Nomes do Ódio*, Roberto Romano.
63. *Kafka: A Justiça, o Veredicto e a Colônia Penal*, Ricardo Timm de Souza.
64. *O Culto Moderno dos Monumentos*, Alois Riegl.
65. *Giorgio Strehler: A Cena Viva*, Myriam Tanant

Este livro foi impresso em Cotia,
nas oficinas da Meta Brasil,
para a Editora Perspectiva.